당신들의 댄스 댄스

유동규 지음 | 유재일 논평

과연 '그분'은 누가 조종하고 있는가

지우출판

"여러분이 아직 들어 본 적 없는 것은 여기서도 듣지 못할 것입니다.

여러분이 아직 본 적 없는 것은 여기서도 볼 수 없을 것입니다.

여러분이 이곳 극장에 오면 늘 보았던 것을 여기서는 전혀 볼 수 없을 것입니다.

여러분이 이곳 극장에 오면 늘 들었던 것을 여기서는 전혀 들을 수 없을 것입니다."

_ 페터 한트케 《관객모독》 중에서

내 삶이 추운 겨울을 지나
봄을 맞이하며

순정純情은 다만 이성 사이에만 존재하는 단어일까.

내 비록 절반의 삶을 거칠고 모난 남자들 틈에서 술잔을 부딪
치며 치열하게 살았다고는 하나, 그 순간순간 내 안에서 회오리치
는 갈망의 위험과 맞서게 했던 것은 의외로 순정이란 단어였다.
일단 뭐 하나에 마음이 꽂히면 쉽사리 마음을 바꾸지 못하는 버
릇 때문이다.

정치에 꿈을 갖고 있던, '그분'을 처음 만났던 것은 일종의 보상
심리였다. '고학으로 사법고시를 패스했다'라는 '그분'의 라이프
스토리가 그럴듯했고, '그분'이나 나나 다를 게 없는 어릴 적 공통
의 처지를 이해하고 의기투합하는 일은 서로의 프라이드를 존중
해 주는 거라 믿었다. 그렇지만 그 첫 만남이 내게 삶과 죽음의 갈

림길이 될 줄은 몰랐다.

대립과 갈등은 어느 한쪽의 문제가 아니었다. 쌍방의 문제만도 아니었다. 함께했던 사람들의 놀라운 둔갑술이 뒤엉키며 서로의 기억이 조작되기 시작했다.

기억의 조작은 시간의 흐름을 멈추게 하는가 하면, 세월의 순서조차도 바꿔놓기 일쑤였다. 뒤죽박죽이었다.

술잔을 기울이며 호형호제했던 어제의 그들이 아니었다.

같은 사람이라고는 믿기지 않을 만큼 달라지는 그들을 처음 경험한 나로서는 가슴이 와르르 무너졌다. 무시당한 것 같기도 하고 추궁당한 것 같은 내 삶이었다.

나는 쉽사리 잠들지 못했다. 고통 때문이기도 했고, 그들 때문이기도 했고, 가족 때문이기도 했다. 하늘이 무너져 버린 절망에다 가족에 대한 걱정까지 짊어지고 비틀거려야 했다.

죽을 맛이었다. 불쑥불쑥 치밀어 오르는 감정을 좀체 억누를 수 없었다.

의문만 무성해졌고 자꾸 가지를 쳐나갔다.

그렇지만 구치소 안에서 내가 할 수 있는 일은 아무것도 없었다.

결국 나는 '그분'을 지키고, 가족을 지키기 위해

욕심도, 자존심도 깡그리 내려놓기로 했다.

수면제 한 움큼, 50알을 삼키는 것으로 나는 죽음과 대결했다.

죽음을 끌어안고 살 나이가 아닌데도.

아뿔싸! 긴박한 상황에서 행운의 여신은 결코 믿을 만한 게 못 됐다. 내겐 죽는 것조차도 행운의 여신이 비껴갔다.

물리적 삶을 끝내려 했던 죽음과의 대결에서 이번에도 나는 패하고 말았다. 눈앞이 캄캄했다.

뼈저린 후회가 물밀 듯 밀려왔다.

죽음과 싸움에서 두 번이나 패한 나였다. 그렇게 두 번이나 패한 이유가 있을 터였다.

그래, 맞서자. 비겁하게 물러서지 말고 당당하게 맞서 싸우는 거다.

싸우지 않고 얻어지는 건 없다. 그래야 그들이 어떤 허방을 파놓고 무엇을 노리는 것인지 제대로 알 수 있지 않겠나. 그 싸움으로 지금껏 나를 지배했던 그들의 생각에서 벗어나자.

"유 사장님, 사장님이 구치소에서 나가는 걸
누가 제일 바라지 않을까요?"

내 변호인의 말이 그제야 귀에 들어왔다.

사건이 벌어졌을 때, 그 사건으로 가장 큰 이득을 얻는 자가 범인이 아니던가. 나를 구치소에서 나오지 못하게 온갖 방해를 일삼는 것으로 가장 큰 이득을 얻은 자.
'그분'이 누구인가.

만기 출소한 나에게 사람들은 묻는다.
나는 대답 대신 이 책《당신들의 댄스 댄스》로 갈음한다.
지금, 죄의 무게로 잠을 못 이루는 나날을 품고 있을 '그분'과 여전히 '그분' 곁에서 '그분' 죄의 무게를 늘리고 있는 그들을 위해 나는 이 반성문을 썼다.

추운 겨울을 지나 봄을 맞는 길목에서

유동규 올림

작가의 말

2021년 4월 초, 핸드폰이 몽니를 부렸다.
전 민정수석이었던 최재경의 전화였다.

"유 사장, 지사(이재명)에게 중요한 얘기할 게 있으니
겸사겸사해서 한번 뵈러 갑시다."

그 말을 듣는 찰나 나는 김만배의 농간이 아닌가 싶었다. 2020
년 12월 말, 내가 경기도관광공사 사장직을 그만둔 이후 김만배
와 일절 연락하지 않고 있는 것이 불편해서 최재경을 통해 연락
한 줄 알았다. 최재경을 내게 소개해 준 사람이 김만배였고, 최재
경이라면 내가 선택의 여지 없이 그러마고 할 거라 예상했을 터
였다.

내 예상은 보기 좋게 빗나갔다. 경기도청에서 이재명을 만난 최재경의 입에서는 뜻밖의 말이 튀어나왔다.

"지사님, 요즘 이낙연 대표 쪽에서 대장동 관련

뭔가를 터뜨리려고 준비한다는 정보가 있습니다.

구체적으로 뭔지는 잘 모릅니다만."

순간 섬광처럼 그런 생각이 스쳤다. 최재경은 내가 그 말에 놀라 곧바로 김만배에게 전화해 "형, 이낙연 쪽에서 대장동 관련해 터뜨릴 자료가 있다고 하는데, 이거 빨리 정리해야 하는 거 아냐?" 이런 식으로 하길 바랐을지 모르지만, 나는 끝내 그에게 전화하지 않았다. 왜? 최재경이나 이재명이 시켜서 내가 김만배에게 전화한 거로 아는 게 싫었다. 상대하기 싫었다. 김만배는 내가 경기관광공사 사장직을 그만 둔 이유 중의 하나이기도 했다.

"대장동 관련 무슨 일이 생기면 어떤 쪽으로든

제가 책임지겠습니다."

그날 나는 그 말을 남긴 채 경기도청을 뒤로했다. 대장동 개발 사업은 이재명의 지시로 함께했던 일이었지만, 당연히 실무 책임자로서 책임져야 할 일은 이재명을 대신해 내가 다 짊어져야 한다고 마음먹은 지 오래였다. 늘 그래야만 하는 줄 알았다.

***

　대장동 의혹을 처음으로 제기한 곳은 최재경의 말처럼 이낙연 대표 측이 아니었다. 2021년 8월 31일, 지역의 조그만 매체인《경기경제신문》박종명 기자가〈이재명 후보님, ㈜화천대유자산관리는 누구 것입니까?〉라는 제목의 칼럼을 게재했다. 그는 자신의 소셜미디어에 "대장동 몸통이 이재명 대표란 의혹은 민주당 20대 대통령 후보 경선 과정에서 경선 후보의 핵심 관계자가 제보를 해줬기에 사실 확인을 거쳐 국민의 알 권리와 언론의 본분을 다하기 위해 기자수첩 형식으로 기사를 보도하게 됐다"라고 밝혔다. 그렇지만 이 기사는 주목받지 못했다. 찻잔 속의 태풍으로 그치는 듯했다. 그러다가 2021년 9월 10일 화학 반응을 일으킬 만한〈주간조선〉의 기사가 올라왔다.

　　이재명 경기도지사가 2018년 도지사 선거에서 공직선거법 위반 혐의로 재판까지 가는 데에 빌미가 됐던 '성남시 대장동 개발' 관련 논란이 새 국면을 맞고 있다. …… 최근 성남시 안팎에선 이 사업에 참여한 주요 주주 사이에서 불분명한 자금이 오갔다는 의혹이 일면서 파장이 다시 이 지사를 향하고 있다. 이 개발 사업에 참여한 신생 시행업체는 불과 5000만원을 출자해놓고 매해 수백억원의 순이익을 올리고 있으며, 이 업체의 주요 인사가 이 지사와 얽혀 있을 것으로 추정되는 정황들도 흘러나오고 있다.[01]

기사가 나간 후 이삼일 후부터 기다렸다는 듯이 대장동 관련 기사가 봇물 터진 듯 쏟아졌다. 그중에서 가장 구체적인 기사는 《조선일보》 기사였다. 당시 나는 이 기사를 보면서 '드디어 올 게 왔구나' 하는, 최악의 상황을 직감했다.

…… 대장동 사업 시행사인 '성남의뜰'은 최근 3년간 지분 50%를 보유한 대주주 성남도시개발공사에 1830억원을 배당했다. 그런데 그보다 훨씬 적은 지분을 보유한 화천대유(1%)와 SK증권(6%)에는 같은 기간 577억원과 3460억원을 배당한 것으로 나타났다. 성남의뜰 법인 등기부를 보면 우선주의 53.76%를 보유한 성남도시개발공사는 누적 배당금이 1822억원이 될 때까지 1순위로 배당받고, 우선주에 주고 남는 이익금은 모두 보통주에 배당하게 돼 있다. 이에 따라 보통주를 각각 14.28%와 85.72%를 가진 화천대유와 SK증권도 성남도시개발 못지않게 배당을 받게 된 것이다.

정상적인 계약에 따른 배당이지만, 성남의뜰 지분을 보유한 SK증권

---

01   출처: 〈주간조선〉, http://weekly.chosun.com.

이 개인 투자자 7명으로 구성된 '특정금전신탁'인 것으로 확인되면서 논란이 일고 있다. 실제 소유주는 SK증권이 아니라 SK증권에 '성남의뜰에 투자해달라'고 돈을 맡긴 투자자 7명이라는 것이다. 이 7명은 화천대유 지분 100%를 소유한 언론인 출신 A씨와 그가 모집한 개인 투자자 6명인 것으로 알려졌다. 사실상 A씨와 관련된 인물이 모두 성남의뜰 보통주를 보유하고 4000억원이 넘는 배당금을 나눠 갖는 구조다.……02

기사 내용은 내부자의 제보라고 할 수밖에 없을 정도로 구체적이었다. 이재명의 숨통을 죄는 기사였다. 이재명 측은 항상 코너에 몰렸다 싶으면 꺼내 드는 게 적반하장 카드다. 대장동 관련 기사를 쓴 해당지 기자를 고발했다. 그런 다음 정진상은 내게 김문기03 처장과 함께 '대장동 관련 Q&A'를 만들게 했다. 그것도 안심이 안 됐는지 우리의 기사를 잘 써 줄 언론을 섭외해 인터뷰하게 했다. '오보다, 당시의 대장동 개발 사업은 정당한 사업이었다'라는 기사를 내보내라고 했다. 나는 정진상이 시키는 대로 〈미디어

---

02 《조선일보》, 2021년 9월 14일.
03 이재명이 성남시장이 되기 전부터 알고 지냈던 인물. 그에게 대장동 관련 업무를 보고 받았던 이재명은 대장동 개발 논란이 일자 그를 "몰랐고요, 하위 직원이었으니까요."라며 그의 존재를 부인했다. 그는 2021년 12월 21일 대장동 개발 사업과 관련해 참고인 조사를 받던 중 이재명 캠프에서 보낸 변호사들과 김만배의 심복인 화천대유의 이성문을 마지막으로 만나고 온 후 심리적 압박을 받고 극단적인 선택을 했다.

오늘)과 인터뷰했다. 좀 매체가 작지 않나 하는 생각이 들었지만 의외로 반향이 있었다. 정진상은 내게 인터뷰 하나를 더 하라고 했다. 광교 컨벤션센터에서 〈오마이뉴스〉 기자를 기다리고 있는데 전화가 울렸다. 정진상이었다.

"야, 오늘 정보인데 정영학이 녹취록 갖고
중앙지검에 들어갔다."

2021년 9월 말, 이번에도 최재경의 말처럼 이재명과 함께 더불어민주당에서 경선을 치르는 이낙연 후보 측이 아니었다. 대장동 개발 사업을 같이했던 정영학 회계사가 만든 녹취록을, 본인이 직접 들고 중앙지검을 찾아간 거였다. 측근들과 전화 통화하거나 대화했던 것들을 녹음해 자료로 만들어 중앙지검에 직접 제출하고 언론에도 뿌렸다. 대장동을 직접 설계했다는 '그분'의 존재가 언급되면서 대한민국은 삽시간에 대장동 비리 도가니가 되었다.

여기서 눈여겨볼 것은 최재경이 나를 굳이 불러 이재명과 함께 만난 자리에서 '이낙연 측에서 준비하고 있는 대장동 사건'을 귀띔한 시점과 정영학이 녹취록을 준비했던 시기다. 정영학이 녹취록을 준비했던 건 2021년 3~4월경, 정작 터진 건 6개월 후였다. 그리고 이낙연 측에서 터뜨릴 거라던 무성한 소문과 달리 대장동 개발 사업에 참여했던 장본인인 정영학이 터뜨렸다. 나중에 알고 보니 이낙연 대표 측에서 준비하고 있던 것 역시 정영학 녹취록이었고, 정영학으로부터 전달받은 것은 2021년 7월경[04]이라 했다.

2021년 3~4월에 준비해 6개월을 뭉개다 터뜨린 사건은 이뿐만 아니었다. 김만배와 신학림의 녹취록 역시 같은 시기에 두 사람이 만나 준비했다가 2021년 9월, 〈뉴스타파〉에서 터뜨린 후 5~6개월 후인 2022년 3월, 대선 직전에 '녹취록'을 공개했다. 대선 정국 막바지였다. 이 일이 다만 우연이 아니란 걸 내가 알기까지는 딱 1년여가 걸렸다. 체포돼 구속되고 구치소에 들어간 후 다시 구속 연장으로 만기가 돼 풀려날 즈음이었다.

정영학의 녹취록은 원본 그대로가 아니었다. 부분부분 발췌된 거였고, 거기에서 가리키는 '그분'은 다름 아닌 '나'로 몰고 갈 의도가 다분했다. 이재명으로선 대선 정국에서 어떡하든 대장동 사건을 털고 가야 할 사법 리스크였기에 '그분'을 나로 몰아 꼬리 자르게 하기 위한 각본을 만들었다.

04   이낙연 측 인사. 대장동 최초 제보자.

껄끄럽던 대장동 사건은 나에게 뒤집어씌우고, 강력한 야당 대통령 후보인 윤석열은 '커피 사건'과 함께 '대장동 몸통'으로 프레임 씌워 날려버리려 했던 이 추악한 밑그림, 과연 누가 그렸던 것일까.

차례

10장 당신들의 행복한 시간

11장 댄스 타임이 멈춘 후 남겨진 것들

1장

지금 알게 된 것을
그때 알았더라면

여름날
뜨거운 보도 위를 홀로 걷는
개 한 마리가
신神들 수만 명의
힘을 가진 듯 보인다.

이건 뭘까?

_찰스 부코스키의
《사랑은 지옥에서 온 개》 중에서

남자의 '자리',
남자의 '말'

　　　　　　　　내 자리는 그랬다. 위에서 시키는
일만 할 수 있는. 이재명과 함께하는 내내 맘속에, 머릿속에 그 사
실을 담고 한시도 잊지 않았다. 내가 하는 모든 일은 이재명에게
평가를 받았다.

　나는 정무를 포함해 이재명이 앞으로 가야 할 길을 챙기는 길
잡이 역할을 했다. 이재명이 지나간, 부끄러운 그의 흔적을 지우
는 일 역시 내 몫이었다. 그의 정치 자금 마련과 기반을 마련하는
일 또한 내 주된 역할이었다. 쉬운 삶일 수 없었다. 불안 불안했다.
간간이 좋지 않은 소식이 들려오면 마음이 편치 않았다. 그럴 때
마다 나는 어느 스님의 말씀을 되뇌곤 했다.

　'밑 빠진 독에 물을 채우는 방법은 딱 하나다.
　독을 연못(물) 속에 던져야 한다.'

　독을 연못에 던지려면, 즉 목적을 위해선 내 발도 물에 담글 수
밖에 없다는 변명이자 당위성의 치트키였다. 조직 속에 있으니까
어떡하든 이재명을 공동의 목표가 이루어질 전설을 만들겠다는
각오를 다지는 답을 구한 주문이기도 했다. 그것이 내가 함께하는
그들과 공동의 선에 도착하는 길이라 믿었다. 그렇게 자신에게 주

문을 걸다 보니 어느 순간부터는 내가 하는 일에 죄의식을 못 느꼈던 것도 사실이다. 솔직히. 그렇다고 불안한 마음을 떨쳐냈던 건 아니었다. 법이 있다는 걸 아니까. 그럴 때마다 정진상은 흔들리는 나를 붙들고 자극하고 세뇌했다.

'심장하고 머리는 절대 죽으면 안 된다.'

그 말은 팔다리인 우리(나·정진상·김용)는 죽을지언정 심장이고 머리인 이재명은 절대 죽게 해서는 안 된다는 뜻이었다. 그런 세뇌에서 난 오랜 기간 죄의식을 못 느끼는 삶을 살았다. 추악한 JMS 정명석을 고발한 프로 '나는 신이다'[05]에 등장하는, 정명석을 따르던 광신도였다가 탈출한 사람들처럼, 자기 성기를 최초로 의식하고 수치심을 갖게 된 이브처럼, 내가 그것을 깨닫는 데는 십수 년이 훌쩍 넘는 세월을 허비했다. 어리석게도.

가나안처럼 바짝 마른
내 마음

이재명을 떠나 내 사업을 하기로 작정한 건 회의감이었다. 어느 순간 내 마음이 가나안처럼 바짝

---

05 2023년, 넷플릭스에 방영된 8부작 시사 프로.

마른 게 소스라칠 만큼 느껴졌다. 이재명과 십수 년을 함께하는 동안 나름대로 최선을 다해 '충성' 아닌 충성을 바친 나였다. 그가 꾸고 있는 큰 꿈을 함께 꾸며 전생에 가까운 사이라도 된 듯 잘 지내왔다. 그러다 문득 내 눈에 잡힌 게 있었다. 몇 번의 선거를 함께 치르고 경기도지사가 된 이재명에게서 이전에 보이지 않던 게 자꾸만 눈에 띄기 시작했다.

실질적으로 이재명은 경기도민을 위해 일하는 게 아니라, 수단과 방법을 가리지 않고 선거에서 이기는 것으로 더 높이 올라가려는, 권력 추구에만 혈안이었다. '사자의 힘과 여우의 교활함'을 갖춘 권모술수의 화신처럼 나약한 인간의 심리를 역이용하는 게 내 눈에 잡히기 시작했다. 강력한 리더십이 아닌, 욕망의 추악함 이상도 이하도 아니었다. 물론 내가 처음 이재명을 만났을 때부터 그는 그랬다. 그때는 내게 콩깍지가 씌어 보이지 않았을 뿐.

눈에 거스른 건 그뿐만 아니었다.

이재명은 성남시장 시절부터 기관장들로부터 매달 돈을 걷었다. 명목은 회비였다. 모든 기관장에게 걷은 게 아니라, 말이 안 나올 법한 이들에게만 걷었다. 비서였던 김현지의 수하 진석범[06]이 이재명의 지시를 받고 50만 원에서 200만 원가량을 걷었다. 기관장 10명만 해도 매달 500만 원에서 2000만 원이 이재명의 주머니로 들어갔다. 이재명은 자기에게 필요한 것은 모두 법인카드로 썼

06 제22대 국회의원 선거 더불어민주당 화성정 예비후보로 등록했다가 경선에서 탈락.

　　　　　　　　　　　　　　　지금 알게 된 것을 그때 알았더라면

다. 기관장에게 받는 것은 고스란히 비자금이었다.

그는 별도의 사업을 진행하고 있었고, 그 별도의 사업에 걸려 있는 돈들이 문제가 생길 소지가 있으니까 그런 것을 소화하지 못할 경우를 대비해 기관장에게서 갹출했다.

또 실수는 얼마나 잦았나. 말실수가 풍년이었다. 박찬욱 감동의 영화 '올드보이'에서 주인공 최민식이 15년간 감금당했던 것은 '말이 너무 많다'라는 이유였다. 이재명도 마찬가지였다. 병적으로 작은 것 하나도 참거나 그대로 넘기는 법이 없다. 누가 됐든 싸웠다. 말로, SNS 글로, 고소·고발로. 나로선 그것을 수습하느라 진땀 뺀 일이 한두 번이 아니었다. 지쳤다.

그의 수많은 사법 리스크도 싫었고 김만배도 싫었다. 특히 김만배 같은 사람을 계속 만나는 게 싫었다. 의회에 불려 나가 답변하는 것도 힘들었다. 어느 순간부터 더는 보람을 느끼지 못했다. 이재명 주변으로 모여든 운동권 인물들은 또 어떠했나. 불편한 마음이 날로 불어났다. 뭔가 이 고리를 끊어야 했다. 이런 상태에서 이재명이 5년간 정권을 잡은들 무엇하나 하는 자괴감마저 들었다.

그때부터였다. '차라리 내 사업을 해서 돈을 벌어야겠다'라고 생각하게 된 건. 부산의 박태수[07] 형이 문재인의 청와대에 들어가지 않고 자기 사업을 하는 것처럼 나도 내 사업을 하고 싶었다.

---

07 문재인의 집사라고 스스로 밝힘.

"청와대 들어가면 뭐하노? 가보니 별 거 없다.

난 돈이나 벌란다. 그게 최고다."

박태수는 나를 만나면 입버릇처럼 말하곤 했다. 생각해 보니 그 말이 딱이었다. 김만배를 만나지 않아도 되고 연락하지 않아도 된다는 것만으로도 내가 숨 쉬는 삶터일 것만 같았다. 이런저런 거 다 떼 내고 내 일을 하려고 그렇게 준비해 나왔다. 이재명과 함께했던 12년의 세월을 접고 2020년 12월 말, 끝의 시작을 준비했다.

함께 30번 넘게
골프를 치면 생기는 일

전 민정수석 최재경을 내게 소개한 사람은 김만배였다. 2016년 8월, 그가 박근혜 정부의 민정수석으로 청와대에 들어갔다가 나온 뒤였다. 김만배 말에 의하면 그가 먼저 나를 만나자고 하여 만든 자리였다고 했다. 김만배 부부, 우리(전처) 부부와 아이들, 최재경 부부, 강릉에 사는 최재경 친구 의사 두 명과 함께 평창 알펜시아에서 처음으로 만났다. 최재경 일행은 알펜시아 근처 인터콘티넨털에 머무르고, 우리 가족은 콘도를 사용했다. 골프도 치고 포커도 함께했다.

그를 만나기 전, 한번은 김만배가 내게 진지한 표정으로 이렇게 물었다.

"동규야. 최재경 형[08]한테 민정 자리가 들어왔는데
어떻게 했으면 좋겠냐고 묻더라."

그 말에 나는 신중하게 대꾸했다.

"들어가면 괜찮죠. 청와대 내부 사정도 파악하고.
근데 거기 들어가면 우리 쪽(이재명이 정권을 잡았을 때)에서
법무부 장관은 어려울 텐데."

김만배와 최재경의 대화에서 엿볼 수 있듯 둘은 상상 이상으로 막역한 사이다. 한 몸처럼 보였다. 내 눈엔 그랬다.
최재경은 알펜시아에서 만난 이후 나를 자주 불러냈다. 서른 번 넘게 만나 골프를 쳤다. 지금에 와서 생각해 보니 최재경은 내가 우직하고 충성심이 강하다는 걸 제 눈으로 확인했던 거 같다. 이재명을 대신해 감옥에 가서도 절대 사실을 불 사람이 아니란 것을. 그 때문이었을까. 김만배는 가끔 그런 말을 했다.
"야, 검찰에 끌려가면 다 이야기해."

08　김만배는 법조계의 유명한 사람들을 '형'이라 부르며 친분을 과시했다.

김만배는 또 하나의 목적을 개인적으로 감추고 있었다. 자신은 물론 이재명은 무슨 일이 생겨도 어떡하든 아무것도 걸리지 않게 대책을 끝냈다는 자신감이었다.

통진당 사건에서
'그분'의 이름을 삭제하다

2011년 11월, 김만배의 성균관대 동문이었던 성남시의원 윤창근이 불러서 나갔더니 그 자리에 김만배가 있었다. 명함을 받아 보니 중앙지 《머니투데이》 기자였다. 당시만 해도 성남시에 드나드는 기자 중에 중앙지는 별로 없었다. 다른 지자체는 어떨지 모르지만, 당시 성남시는 중앙지 기자들 출입이 흔하지 않았다.

지금은 그렇지 않지만 당시만 해도 그랬다. 첫 만남 이후 김만배가 내게 연락해 만나자고 해서 시의원들과 같이 몇 번 어울렸다. 50억 클럽으로 지목된 사람 중의 한 사람인 박영수가 김만배에게 당시 대장동 개발 사업에 어려움을 겪고 있던 남욱과 정영학을 도와주라 했다고 했다.

김만배는 성남에 와서 상황을 스크린하며 시의원을 통해 나를 찾아왔던 거였다. 나와 친분을 쌓기 위해서가 아니라, 네트워크 차원이었다. 나는 당연히 김만배와 만난 것을 정진상에게 전했다.

정진상은 별로 관심 두지 않았다. 그러다가 우연히 김만배가 누군 가와 통화하는 걸 듣게 됐는데 상대가 깜짝 놀랄만한 인물이었다. 당시 막 검찰총장이 된 사람이었다. 김만배는 스스럼없이 상대를 '형'이라 불렀다. 뭐지? 하다가 든 생각이 '센 놈?'이 아닐까였다. 중앙 무대로 이재명을 끌어 올리기 위해선 김만배와 정보를 교환 하는 게 나쁘지 않겠다 싶어 이를 다시 정진상에게 보고했다. 정 진상의 반응은 뜻밖이었다.

"야, 그런 자들은 지천으로 깔렸어.
그 사람, 좀 뻥이 센 거 아냐?"

그랬던 정진상이었다. 결과적으로 김만배는 정진상과 더 친해 졌다. 어느 날이었다. 김만배와 통화를 하는데 느낌이 쏴하다고 할까. 내 말에 마지못해 대꾸하는 게 포착됐다. 촉이라는 게 있어 서 그런 느낌은 빠르게 전달되기 마련이다. 정말 이상하다는 생각 이 들었다. 뭐랄까, '더는 연락할 일 없다, 끝내자'라는 절교의 말 투였다. 전화를 끊고 생각하니 아무래도 뭔가가 있는 거 같았다. 분명 우리와 관련된 뭔가가 있으니 반응이 그러했을 거라 판단하 고 그에게 다시 전화해 위치를 확인했다.
"형, 어디세요? 지금 제가 거기로 갈게요."
"목욕탕, 여기로 온다고?"

"못 갈 거도 없죠. 어디에요?"

김만배는 서울 남부터미널 근처 규모가 큰 목욕탕에 있었다. 나는 성남에서부터 한달음에 그에게 달려갔다. 나를 본 김만배는 못 볼 거라도 본 듯이 놀란 표정이었다. "어라, 진짜 왔어?"하는 듯 했다.

"형, 뭔가 있죠? 솔직하게 털어놓으세요."

"없어. 뭐가 있긴 뭐가 있어."

"무슨 소리. 형 목소리가 쏴 했는데."

"아니, 뭐 없다니까."

"아니요, 형이 그러니까 뭔가 더 있는 거 같아요. 말씀하세요."

내가 집요하게 물고 늘어지자 그제야 그가 어렵게 털어놨다.

"검찰에서 수사 중인데…… 통진당[09] RO조직…… 거기에 니네 시장도 수사 리스트에 있어."

"무슨 내용으로요?"

"나눔 환경에 자금 준 거부터 시작해서…… 이것저것 다 하고 있어. 솔직히 오늘 니가 여기 안 왔으면 니네 시장 내버려 두려고 했다."

김만배의 말을 듣자니 걸리는 게 한두 개가 아니었다. 시장인 수위원장에 통진당 전신인 민주노동당 김미희를 임명하면서 종북 세력인 경기동부연합 출신을 대거 포진했다.

09 　민주노동당→전국연합(경기동부연합)→통합진보당(통진당).

성남시장 후보로 나왔던 김미희의 후보 사퇴로 시장에 당선된 이재명은 빚이 생겼다. 이재명 시장 선거 공약서와 명함 등을 이석기가 대표로 있던 CNP라는 업체에서 제작했다. 이후 민간 위탁 청소용역업체를 공모했는데 여기에 최종 적격 업체로 선정된 기업이 '나눔 환경'이다. 회사 대표가 전 경기동부연합 의장 한용진이고, 다른 경기동부연합 관련자들도 그 회사에 다수가 근무했다. 나눔 환경이 설립된 시기가 2010년 12월 21일, 성남시에서 청소용역업체 공모를 시작한 건 같은 달인 12월 30일. 누가 봐도 짜고 친 고스톱이었다. 이후 몇 년간 수의계약 6건을 체결했는데 56억 원 규모였다. 정치권 인맥이 빈약했던 이재명에게 경기동부연합은 배후 세력으로 자리 잡았다. 경기동부연합 역시 이재명을 통해 제도권과 연결하는 발판으로 삼는 한편 재정적 수입원을 챙기며 공생했다. 김미희는 2년 후 총선에서 국회의원이 됐다.

이재명은 이미 오래전부터 경기동부연합과 공생하며 오늘에 이르러 더불어민주당을 장악했다.

김만배가 말했던 통진당 사건은 이후 2013년 8월에 터졌다. 김만배의 말대로 이재명은 수사 리스트에 없었다. 그의 입김이 작용했을 거로 보인다. 시간이 흘러 다시 김만배를 만났을 때 이런 말을 했다.

"내가 통진당 사건에 니네 시장이 들어 있다는 걸 알고 많은 생각이 들었어. 보니까 니네 시장이 주민들 앞에서 약속한 거를 안 지키는 것 같더라. 이것저것 살펴보니 아무래도 니네 시장은 안 될 인간인 거 같다 싶어서 그냥 죽게 내버려 둬야겠다 했었지. 새로운 시장 뽑아서 애들 도와주면 되는 거고."

김만배는 당시 통진당 사건 수사 명단에 이재명이 들어 있다는 것을 아는 순간, 모른 척하려고 했다고 한다. 시장 바뀌면 바뀐 시장과 대장동 사업을 해야겠다는 생각으로. 그런데 자신을 만나러 온 나를 보면서 "그래, 같이 가자"라고 하며 수사 기관에 얘기해 이재명 이름을 빼달라고 했다고 했다. 정말 김만배가 수사 기관에 얘기해 통진당 사건 명단에서 이재명 이름을 뺐는지는 알 수 없다. 다만 그 사건이 터졌을 때 이재명 이름은 없었다.

그 사실을 이재명에게 보고했다. 이후 이재명은 통진당 수사 리스트에서 자기 이름을 빼 준 검찰총장에게 "고맙다"라는 인사를 전했다. 그랬더니 그가 이재명에게 "고마운 인사는 김만배한테 하라"라고 했다고 한다. '그런 사람은 지천으로 깔렸다'라고 말했던 정진상조차 김만배를 극진하게 대할 수밖에 없던 사건이었다. 그대로 통진당 사건에 휘말렸다면 이재명은 곧 있을 2014년 지방 선거에서 재선은커녕 정치생명도 장담하지 못했을 거였다.

그러니 이재명이나 정진상에게 김만배는 특별한 존재가 됐고,

실제로 김만배의 인맥을 통해 어려운 점을 하나씩 하나씩 풀어나
가게 된다. 대장동 50억 클럽이 그냥 생긴 게 아니란 얘기다. 이
재명이 점점 거만해지고 안하무인이 된 것도 김만배 영향이 크지
않았을까.

최재경보다 더 센 '김만배'

2018년 6월, 'KBS와 MBC 경기도
지사 후보 초청 토론회'에서 '친형을 강제 입원시키려 한 적 없다'
라는 허위 발언으로 고발당한 이재명은 '공직선거법 위반죄' 재판
을 받아야 했다. 당선 무효형이 나와선 안 되는 터라 변호사 선임
을 두고 고민 중이었다. 나는 이 상황을 최재경에게 이야기했고,
최재경은 법복을 벗은 지 얼마 안 된 차장검사 출신의 이태형 변
호사를 내게 소개했다. 나는 곧바로 정진상에게 전달했다. 최재
경으로부터 다시 연락을 받은 것은 이태형 변호사에 대한 선임이
결정되지 않아서였다.

"아, 쓸지 말지를 결정해 줘야지, 입장이 곤란하잖아."

그 말에 나는 즉시 정진상에게 연락했다.

"형, 어떻게 된 거야. 아직 결정 안 했다며?"

내 말에 정진상은 한 박자 늦춰 말을 꺼냈다.

"니가 지사(이재명) 만나 직접 얘기해 봐."

나는 정진상과 통화를 끝내자마자 이재명을 찾아갔다.

나　　　지사님, 이 변호사님…… 어떻게 하실 예정입니까?

이재명　나도 있으면 좋지.

나　　　쓰면 되지 않습니까.

이재명　검사 출신 전관이라 변호사비가 비쌀 텐데…… 내가 돈이
　　　　없잖아.

나　　　네, 그럼 제가 최재경과 얘기해 보겠습니다.

이재명을 만나고 돌아온 즉시 나는 최재경에게 연락했다. 내
말을 들은 최재경은 망설임 없이 말했다.

"그런 거라면 걱정하지 마. 이 지사께 그런 걱정은 하지 마시라
고 전해."

나는 정진상에게 전화해 최재경의 말을 전했다. 이후 이재명은
경기도지사 공관으로 이태형 변호사를 저녁 식사에 초대했다. 두
사람의 첫 만남이다. 그 자리엔 나와 이남석 변호사도 함께했다.

이태형 변호사는 2018년 10월부터 이재명 변호인단에 합류해,
같은 시기 배우자 김혜경의 '혜경궁 김씨' 사건 변호인으로도 선
임됐다. 이재명의 공직선거법 1~2심 재판을 이끌었고, 대선 캠프
'법률지원단장'을 맡아 핵심 참모 역할을 했다.

역시 검찰 특수통 출신의 이남석 변호사도 이태형 변호사와 함

께 이재명의 변호사 비용을 쌍방울 측이 대신 냈다는 '변호사비 대납 의혹'에 연루된 인물이다. 이재명 사건에 직접 관여하지 않았지만, 2020년 3월에서 2022년 2월까지 2년간 쌍방울 사외 이사로 재직했다. 이태형 변호사도 2019년 12월에서 2021년 1월까지 쌍방울 계열사 비비안에서 사외 이사를 맡았었다.

나는 이 부분에서 두 가지를 이야기하고 싶다. 최재경이 걱정하지 말라던 이재명의 변호사비는 어떻게 처리했는가. 두 번째로는 정진상에게 지시받고 쌍방울에 오가는 심부름을 도맡아 했던 백종선이 쌍방울 부회장 최우향을 만나서 김만배와 쌍방울 회장 김성태를 연결한 것은 공공연한 사실이 아닌가. 김만배 압수 수색 과정에서 나온 노트에 메모 된 '2020년 5월, 성태 20억'은 무엇인가. 이 금액은 내가 정진상으로부터 지시를 받고 김만배에게 요구했던 20억 원, 우리의 '저수지' 돈 가운데 빼내려 했던 금액과 같다. 김만배가 이런저런 이유로 거절하는 바람에 나는 정진상에게 본인이 직접 김만배한테 이야기하라고 했었다.

나는 당시 김만배에게 똑똑히 들었다. '쌍방울 통해 권순일에게 로비했다'라는 말을. 그리고 대법원 판결 전에 백종선으로부터도 똑똑히 들었다. '권순일에게 약 쳐놨다'라는 말을.

이재명의 '공직선거법 위반 사건'은 무죄가 나올 수 없는 사건이었다. 1심에서 무죄를 받았지만 2심에서 벌금 300만 원을 받아 처벌 직전까지 갔었다. 대법원에서 뒤집을 확률은 거의 제로에 가까 웠다. 그렇지만 '파기 환송'으로 전원합의체에서 '무죄'를 받았다. 그 어려운 일을 해낸 사람은 다름 아닌 김만배였다. 대법원 판결을 앞두고 비타500 음료 박스를 들고 권순일 대법관을 찾아간 게 여덟 번이었다. 거기에 그치지 않고, 대법관을 그만둔 권순일에게 곧바 로 자신의 회사 ㈜화천대유자산관리에서 매월 1500만 원, 연간 약 2억 원 상당 거금의 고문료에 별도의 급여까지 지급하지 않았나.

"야, 내가 1심 판사한테 180억 썼어.
근데 2심 판사는 씨알도 안 먹히더라."

2020년 10월, 대법원 판결 직후, 수원시 정자동 SK뷰 아파트 단 지 스포츠 센터 앞 야외에서 만난 김만배가 내게 들려준 말이었 다. 최재경에게 그 말을 전하자 그가 했던 말은 충격이었다.

"야, 법원 관계자들한텐 나보다 김만배가 더 세다!"

그래서였을까, 전 민정수석보다 '센' 김만배의 로비가 먹혀서인 지 이후 이재명은 놀라운 변신을 한다. 그 입에서 나온 말들이 수 시로 바뀌고 거짓말이 이전보다 더 잦다. 그뿐만 아니라 재판에 참석한 그의 태도는 시종일관 핵심을 벗어난 말꼬리 잡는 일에 충실하다. 거짓말이 들통나도 잡아떼면 그만이다. 왜? 대법원에 서의 판결 때문이다.

지금 알게 된 것을 그때 알았더라면

'방송 토론회 등에서 준비 없이 받는 질문은 거짓말을 해도 죄가 되지 않는다'라는 선례를 남겨서다. 당시 KBS 경기도지사 초청 토론회에서 김영환 후보가 이재명에게 했던 질문은 미리 준비된 질문이어서 즉흥적이지도, 돌발적이지도 않았지만, 답변하는 이재명은 그 자리에서 즉흥적이고 돌발적으로 답을 했기 때문에 설령 거짓말을 했더라도 죄가 안 된다는 거였다. 이 말은 결국 자기 모순이다. 이재명에게 '무죄'를 주기 위한 억지춘향이다.

대법관들의 논리대로 KBS 토론회 때는 그렇다 치자. 그렇지만 KBS 초청 토론회 다음 날에 있었던 MBC 초청 토론회 때는 대법관들의 논리가 부합하지 않는다. 준비된 질문이었고, 준비된 답변이었다. 예방주사를 맞은 이재명은 다음 날 김영환 후보의 질문에 기다렸다는 듯이 준비된 답변을 했다. 둥둥 떠다니는 영상을 다시 한번 살펴보시길!

환상의 악당 콤비

정영학이 대장동 사건과 관련된 녹취록을 준비한 것은 2021년 3~4월경이었다. 대장동 개발 사업 이전부터 습관적으로 녹음을 하던 정영학은 하필이면 대장동 개발 사업과 관련된 내용만을 정리했다. 타깃이 있었다는 얘기다. 물론 자신에게 불리한 내용은 빼버리고, 프레임 씌울 것들만 정리한 거였다. 나는 물론 남욱, 김만배까지 엮으려고 했다.

정영학으로선 자기들의 사업이었던 대장동 사업을 빼앗은[10] 자가 김만배였으니 앙심을 품었던 터였다. 나와 남욱을 세트로 엮으려고 했다. 나를 집어넣기 위해선 남욱을 엮지 않을 수 없었을 테니. 그러다가 이재명(최재경) 측과 소통해 이재명이 대통령에 당선되면 김만배는 빠져나가는 거로 가닥을 잡은 듯했다. 자신이 횡령했던 것은 갚으면 되니까 김만배는 이재명에 충성하며 이 기회를 이용해 남욱과 나를 뇌물죄로 끝내려 했다. 배임은 어떡하든 내가 빠져나갈 수도 있다고 판단했던 모양이다. 이재명에 대한 비밀을 누구보다 많이 쥐고 있던 김만배로선 그래서 자신만만했을 터였다.

최재경 밑에 최용석이란 사법연수원 동기가 있다. 내가 경기관광공사 자문 변호사를 소개해 달라고 부탁했을 때 최재경이 소개해 준 인물이다. 최재경은 그 변호사를 통해 정영학에게 녹취록을 만들 것을 주문한 것으로 추정된다.

"아니면 니가 다 독박 쓴다.

니가 (녹취록 내고) 자수하는 것으로 하고 정리하자."

최용석이 김만배에게 돈을 요구한 건 그 때문이 아니었을까.

---

10 이 내용은 214쪽에서 자세히 소개한다.

조작하거나 충성하거나

　　　　　　　　　　　　　김만배가 정영학을 압박해 녹취록
을 터뜨렸다는 정황은 곳곳에 드러난다.

　먼저, 최재경으로부터 '이낙연 대표 측에서 대장동 관련 뭔가를
터뜨릴 준비를 하고 있다'라는 말을 듣던 이재명의 태도다. 다른 때
같으면 내게 어떻게 된 일인지 자세히 물었을 일을 이재명은 한마
디도 묻지 않았다. 하다못해 "뭐가 있을까 터질게?"라고 내게 물어
보기라도 해야 하는데 입도 뻥끗하지 않았다. 정진상 역시 이낙연
대표 측에서 뭔가를 준비하고 있다면 김만배와 내가 뭐라도 해서
대응해 주길 바라며 물었을 텐데 일언반구도 없었다. 정영학 녹취
록 건을 어떻게 몰고 갈 것인지 그들에겐 이미 계획이 다 있었다.

　즉, 정영학의 녹취록은 정영학을 비롯해 이재명, 김만배, 정진
상, 김용 그리고 최재경 등이 사전에 계획한 일이었다는 방증이
다. 그때까지 불거진 대장동 개발 사업에 대한 이러저러한 의혹을
그 녹취록으로 털고 가려는 의도였다. 20대 대선이 임박해서 뭐
라도 터져 나오면 골치 아플 테니 짜깁기한 녹취록으로 퉁 치려
했다. 최종 타깃은 다름 아닌 나였다. 그렇지만 이 녹취록의 결정
적 맹점은 대장동 개발 사업의 핵심인 2014년에서 2015년의 내
용이 없다는 데에 있다. 대장동에 대한 지분과 공모 지침을 확정
짓고, 그 지침을 지시한 후에 이재명은 나와 김문기 등과 함께 호
주로 쉬러 갔다. 그 부분을 일부러 넣지 않은 이유는 대장동 개발

사업의 실체가 드러나는 것과 맥락을 같이한다.

이미 조직을 떠난 내게 뒤집어씌우면 그보다 좋은 게 없을 테니. 그들이 보기에 나는 우직했고 물귀신처럼 누군가를 물고 들어가지도 않을 거로 믿어 의심치 않았으니 그보다 좋은 타깃이 없지 않았겠나.

복잡한 속내의 최재경과
2021년 9월 말의 희망

전 청와대 민정수석이었던 최재경은 현재 삼성 그룹에서 근무한다. 당시 그는 이재명에게 중앙일보 홍석현을 소개하려고 나와 연결했었다. 처음에는 정진상이 나와 최재경을 통해 홍석현과 만남을 주선했는데 막상 만남이 성사될 즈음에는 별말 없이 정진상이 한 발짝 물러섰다. "뭘 만나노?" 그럴 이유가 없었는데 그랬다. 그래도 나는 아무런 의심을 하지 않았다. 아주 잠깐 이상하다고 생각했을 뿐. 나중에야 그때부터 정진상이 내게 숨기는 게 많았고, 나를 희생물로 삼을 준비를 차곡차곡했다는 것을 알았다. 그것도 모른 채 나는 친문의 '윤건영을 이재명 측으로 데리고 오라'라는 정진상의 말을 듣고 끌어들었다. 부산의 전재수도 데려오라고 이재명이 말해서 친분이 깊은 박태수에게 전화했다.

나	형님, 전재수가 우리 쪽으로 넘어왔으면 좋겠는데…….
박태수	전재수는 갈 거다. 근데 전재수는 지가 판세를 보고 움직인다. 내가 가라고 하면 콧대만 높아질 테니 내버려 둬. 알아서 간다.

그 말에 나는 확신에 찬 웃음을 머금고 정진상에게 그대로 전했다.

"태수 형이 그러는데 (전재수는) 알아서 (이재명 쪽으로) 올 거라 하니,
그때까지 참으세요. 먼저 손을 내밀면 콧대만 높아진다고 하네요."

나는 정진상을 믿고 인물 영입을 진행했는데 그들은 이미 대장동 사건 희생양을 나로 정하고 소몰 듯 몰아갔다. 그것도 모른 채 대장동 사건이 옥죄고 들어오자 나는 최재경에게 연락해 변호사를 소개해 달라고 요청했다. 최재경이 나를 이재명의 측근으로 도울 생각이었다면 변호사 선임이나 수임료를 그렇게 처리하지 않았을 것이다. 돈 한 푼 없던, 이재명을 대신해 구속될 마음 먹은 내게 3억 원의 변호사비를 지급하게 했던 것은 그의 복잡한 속내가 있어서였다. 뒤늦게 그 사실을 깨달은 나는 최재경과 연락을 끊어 버렸다.

최재경과 김만배가 일찍부터 대장동 사건 꼬리 자르기 프레임

을 짰다고 보는 데는 그만한 이유가 또 하나 있다. 둘의 관계가 특별했고, 김만배가 나를 쳐내야 입지가 편했기 때문이다. 무엇보다 내가 '우리 돈'[11] 달라는 말을 하지 않을 테니.

김만배는 화천대유자산관리의 아파트 분양으로 3000억 원을 벌었다. 그 내용을 알게 된 내가 약속[12]한 대로 수익의 반을 '우리' 몫으로 내놓으라고 할 테니 쳐내고 싶었을 거였다. 더구나 이재명이 대통령에 당선되기라도 하면 내 위상이 높아져 힘이 더 세질 게 껄끄럽지 않았겠는가. 김만배로선 나만 잘라내면 이재명의 창고지기 노릇은 물론 이재명을 틀어쥘 거라 여겼을 터였다.

당신들의 서사

이미 서울중앙지검장 이정수와도 이야기가 다 돼 있었다. 나에 대한 구속영장이 기각되지 않기 위한 준비도 철저히 했다. 영장이 기각돼 내가 구치소가 아닌 밖에서 재판을 받게 되면 정진상은 물론 김용, 이재명과도 연락할 수밖에 없을 거고, 그 과정에서 전모를 안 내가 입을 열면 큰일이지 않았겠나. 그렇다고 내 전화를 피할 수도 없을 테니 그들로선 반드시 나를 구속해 구치소에 가둬야 했다.

---

11 이재명, 정진상, 김용, 유동규 공동의 이익금. '저수지의 돈'. 전달책을 내가 했다.
12 수익의 반을 우리(이재명, 정진상, 나, 김용)에게 주기로 함.

일단 나를 구속한 후 모든 정보를 차단했다. 그들은 나를 잘 알고 있었다. 구치소에 들어가도, 칼이 목에 들어와도 내가 아무것도 말하지 않을 것이란 사실을. 기를 쓰고 나를 구속하려던 이유였다. 내가 자살이라도 하면 그들로선 최상의 시나리오였다. 자살한 나에게 모든 것을 뒤집어씌우면 그걸로 끝인 거였다.

구속 전, 내가 자살하겠다고 했을 때 아무도 말리지 않았다. 다음 날 내가 죽었는지 확인하려고 새벽부터 정진상이 전화했을 뿐. 내가 살아서 전화를 받자 정진상은 몹시 당황해했다. 그때였다. 검찰이 압수 수색을 나왔다. 문을 열기 전, 나는 정진상에게 이 사실을 전했다. 정진상은 밑도 끝도 없이 바꾼 지 2주밖에 안 된 내 핸드폰을 '밖으로 던져 버려!'라고 했다. 나는 2주밖에 안 된 핸드폰을 버릴 이유가 없었지만, 이내 창밖으로 핸드폰을 던져 버렸다. 천하의 정진상 말이 아닌가.

압수 수색을 나온 검사는 내게 핸드폰이 없는 것을 확인하자 증거인멸을 운운하며 다음 날 검찰에 출두하라 했다. 그 사실을 안 '김용'이 내게 말했다.

"야, 우리 정보에 의하면 너 지금 검찰에 가지?

바로 구속이야. 준비하고 있다고 했어.

너 검찰 들어가면 끝장이야. 큰일 나.

열흘, 열흘이면 돼. 그때면 경선 끝나.

후보 결정되는 순간, 우리 못 건드려.

그때까지만 버텨. 도망가. 태백산 타."

이 무슨 자다 봉창 두들기는 소린가. 나는 시비조로 대꾸했다.

"뭔 산? 아무것도 없이 무슨 산? 못 가요.

내가 지금 구두도 없고, 옷도 없는데 무슨……."

말을 해놓고 보니 그 상황에 웃음이 비집고 나왔다. 조금 전까
지 산목숨을 끊으려 했던 내가 장비가 없어서 산을 못 탄다니. 코
미디도 이런 코미디가 없었다. 혹시 모르겠다. 김용이 아닌 정진
상이 그러라고 했으면 정말로 산을 탔을지도.

"너 땜에 말이야, 지금 진상이가 중앙지검장하고 술 먹고 있다.

산을 안 탈 거면 병원에 입원하란다. 입원하면 너 안 건드리겠대.

뭐 썩은 음식이라도 먹고 입원해."

정말 나 하나로 모든 걸 끝낼 수 있는 것일까? 대장동 사건을
내가 전부 책임지겠다고 마음먹은 이후 처음 생긴 의문이고 회의
였다. 다 소용없는 일이란 것을 그때는 몰랐다. 세상에서 일어날
일은 반드시 일어나게 돼 있다는 그 사실을.

잴 수 없는 무게

2021년 10월 21일, 나는 '특정경제범죄가중처벌법상배임' 혐의로 기소되었다. 2015년 대장동 개발을 하면서 다음과 같은 일을 했다는 혐의였다.

* 특정 민간업체(화천대유 등)에 유리한 공모 지침 만듦.
* 특정 민간업체가 우선협상자로 선정되도록 불공정하게 배점 조정함.
* 특정 민간업체가 막대한 이익을 얻도록 분배 구조를 조정함으로써 성남도시개발공사의 초과 이익 환수 기회를 포기함.

시간이 흘러서 당시 내가 지은 혐의를 정리해 보니 헛웃음이 나왔다. 지방의 큰 부동산 개발 사업을 하면서, 내가, 그것도 최종 결정권자로 인허가권을 쥔 지방자치단체장 모르게 민간업자들과 짜고 그 일을 단독으로 벌였다는 게 말이 되는가. 이재명을 대신해 나 혼자 한 거라고 뒤집어쓰겠다는 발상을 한 나는 뭐고, 내게 뒤집어쓰라며 종용한 이재명 일당은 또 뭔가.

분명 나는 죄인이 맞다. 이재명의 지시로 허락을 받고 일정 부분 그 일에 가담했으니 죄를 지은 게 맞다. 죄를 지은 죄인으로서 죄지은 만큼 죗값을 치러야 하는 것은 당연하다. 문제는 어떻게 치를 것인가에 있다.

풍차들과 결투를 했던 돈키호테처럼 용기를 내기로 했다. 가진

거라곤 개뿔 아무것도 없다. 아무것도 가진 게 없는 것이 돈키호
테처럼 무모한 조건이겠으나, 그 아무것도 가진 게 없는 것이 내
가 낼 수 있는 용기의 원천이다. 두려움을 떨쳐내는 용기, 사실을
사실대로 말할 수 있는 용기. 그것이 내가 지금 할 수 있는 유일한
일이다.

전염성이 강한
거짓의 '댄스 댄스'

이재명은 경기도 변방에 있던, 무
명의 정치 지망생이었다. 우물 안 개구리처럼, 쳇바퀴 돌듯 지내
던 그에게 손을 뻗은 건 운동권이었던 정진상이다. 정진상이 누군
가. 경성대학교 총학생회 노동분과 위원장이 아니었나. 그는 '김
철호'라는 가명으로 활동하며 1990~1991년에 전국대학생협의회
(전대협)가 주최하는 폭력 시위에 참여해 폭력을 행사했던 인물이
다. 국가 보안법 위반 혐의로 수사 선상에 오르자 경성대학교 학
생회관에 숨어 도피 생활을 하다가 1992년 4월에 검거됐다. 1992
년 11월 12일에 제2군사령부 검찰부에서 국가 보안법 위반죄로
기소유예 불기소 처분을 받자 경성대학교를 휴학했다.

이후 1995년경 전대협 출신 운동권들이 다수 활동하는 성남지
역 시민단체인 '성남시민모임' 활동을 같이했다. 이재명의 변호

사 사무실 사무장으로 일하면서 〈오마이뉴스〉와 〈성남투데이〉 시민 기자로 활동하며, 정치 활동을 준비하는 이재명을 홍보하는 기사를 썼다. 이재명 역시 정진상이 작성한 기사를 자신의 블로그에 올리는 등 두 사람은 '정치적 공동체'가 되어 이재명이 하려는 모든 일을 사전에 검토하고 추진하며 오늘에 이르렀다. 이재명이 앞면이라면 정진상은 뒷면이라고 할 만큼 둘은 한 몸이다.

이재명은 정진상과 관련된 불온한 세력과 연결되고 온갖 악행을 저지르며 두 번의 낙선 끝에 성남시장이 된다. 성남시장이 되는 과정에서도 민주노동당 김미희와의 단일화로 인한 경기동부연합과 은밀한 관계가 형성되었다. 재선 되는 과정 역시 상대 후보를 음해하고, 매수하는 일도 마다하지 않았다. 그러다 성남의 노른자위, 문제의 대장동 개발 사업을 하면서 정관계 마당발인 악마와도 거래를 마다하지 않는 김만배를 영입했다. 그 역시 교활무쌍해 무슨 짓이든 하는 종족으로 이재명과 함께 세상에서 만들어 낼 수 있는 온갖 범죄를 자행했다. 그들이 만든 거짓의 산물은 전염성이 강하다. 국민의 정신과 의지를 오염시키는 것으로 분열을 조장했다.

현재의 대한민국을 아수라로 만든 원흉이다.

니체에게 인간의 존재가 작품 속 등장인물이라면 이재명에게 국민은 일신의 욕망을 위한 도구다. 합법을 가장한 온갖 범죄를 자행하며 국민을 우롱하는 그의 고장 난 브레이크를 이제는 멈춰 세워야 할 시간이다. 나 역시 일조한 사람으로서 자유롭지 못하다. 부디 부끄러운 내 삶의 블랙박스가 독자분들께 '판도라' 상자가 되길 바란다.

　현실에서의 진실은 그닥 복잡하지 않다. 진실을 감추려는, 의도한 자들이 배배 꼬는 과정이 복잡할 뿐. 이 책《당신들의 댄스 댄스》는 '사실'을 말하는 나를 탄압한 당신들의 기록이며, 불가항력 의탁으로 죄의 굴레에서 벗어나기 위해 반성하며 쓴 내 책이다.

족보 없는 돌연변이 정치인 탄생

지방자치 시대에 공원화가 유행된 것은 서울의 조순 시장이 남산 공원과 다리에 조명을 쏘면서였다. 신도시 붐이 일면서 일산과 분당에는 호수공원과 중앙공원이 들어선 반면, 수진동과 태평동은 공원을 만들 엄두도 내지 못했다. 공원이 조성되어야 한다는 의견만 분분했다.

1공단은 경공업 지대였다. 1990년대 접어들며 산업의 고도화로 공단들은 황폐화가 되었다. 공원으로 만들어야 한다는 견해차가 커졌다. 1공단은 광주 대단지 사태로 모여든 도시 빈민들로 형성되었다. 그 과정에서 동부연합 사람들도 휩쓸려 들어왔다. 1990년대 초반만 해도 좌파 운동권은 쩌리였다. NL이나 주사파(주체사상파) 계열이 주류였다. 정진상은 NL 계열은 아니었지만 1공단 공원화 운동에 가담했다. 지방자치가 시작된 1995년대부터 1공단에서는 시민 자체 풀뿌리운동이 일기 시작했다.

2002년, 노무현을 대통령으로 만들기 위한 여러 모임이 있었다. 당시에 유시민이 주도했던 개혁당이 있었는데 민족해방National Liberation(이후 NL)과 민중주의People's Democracy(이후 PD) 계열을 모두 모아 시민운동이라는 명분 아래 노무현 지지당을 만들었다. 거기에 정진상이 합류해 활동했다. 당시 정당이 내건 것이 '참여민주주의'로, '참여민주주의연구원'을 만들었다.

문제는 그것을 주도해 만들었던 유시민이 '열린민주당'으로 가면서 합당파에 합류했다. 정진상은 당을 지키는 것을 고수했다. 유시민이 열린민주당으로 데리고 들어간 '참정연'이 있고, 정진상 혼자서 떨이로 있던 '참정연'이 있다. 혼자서 참정연을 지키고 있던 정진상은 성남의 바닥 세력과 힘을 합친다. 그 과정에서 김현지를 만났다. 정진상은 NL이 아닌, 시민운동을 하던 다른 계열로 그렇게 떠돌고 다녔다.

노무현과 정청래 사이에 사고가 터진 건 그즈음이었다. 이 부분은 내가 정청래에게 직접 들었다. 2004년 지방 선거에서 국회 과반을 차지한 열린우리당 원내대표 선출 때의 일이다. 유시민은 다른 사람을 밀었고, 정청래는 법무부 장관 했던 천정배를 밀었다. 천정배가 노무현을 최초로 지지했던 국회의원이었기에 천정배를 밀어야 하는 거 아니냐? 이랬는데 유시민의 생각은 달라도 한참 달랐다.

회의 테이블을 일자로 만들고 정청래를 가장 끝에 앉혔다. 운동권 서열이었다. 운동권 서열은 학번, 학교 순이다. 정청래는 건국대 출신으로 맨 끝에 앉게 했다. 발언권을 무시했다. 몹시 화가 난 상황이었다.

담배에 불을 붙여달라는 사건이 있었다. 그때 "내가 니 시다바리가?"라며 쌍욕이 오갔는데 이 사건으로 정동영계와 유시민계는 다시 분열한다. 정청래를 중심으로 유시민 쪽과 치고받았던 정청래, 이재명, 미키 루크 등 성남 삼 형제가 모이면서 반유시민 친정동영이 생겼다. 이재명은 '정동영과 통하는 사람들(이하 정통)' 라인에 섰다.

그러니까 정진상과 이재명이 만난 것은 반유시민 때문이었다. 반유시민 세력이 정동영 쪽으로 뭉치면서 이재명은 공천권을 받아낼 수 있었

지금 알게 된 것을 그때 알았더라면

다. 2006년, 2008년 두 번의 낙선을 거치며 드디어 2010년에 시장으로 당선된 거였다. 성남 삼 형제인 정청래·이재명·미키 루크는 정통 삼 형제이기도 하다. 이때 정진상은 이재명의 참모가 된다.

2004년, 이재명이 정동영과 함께하는 과정에서 호남 조직 키맨이 김인섭이었다. 이재명의 올드 멤버는 정진상과 김인섭. 미키 루크는 이재명과는 다이 다이였다. 당시 미키 루크는 열린우리당 청년 위원장으로 이재명보다 위상이 훨씬 높았다. 이재명의 올드보이가 형성되고 이재명이 제도권으로 들어오면서 정진상은 이재명의 최측근 참모가 되었다.

노무현의 사망은 이재명에게 있어 축복이었다. 2010년에 당선되는 분위기가 조성됐다. 아이러니한 것은 이재명의 당선과 함께 정동영의 추락이다. 그때 이재명이 뉴보이를 영입한 게 유동규와 김용이다. 친노 그룹에서 영광을 누렸던 서울대 운동권에 대한 아싸(아웃사이더)의 분노.

양말 장수 미키 루크, 경산대의 정진상, 건대의 정청래.

2004년, 유시민이 서울대 운동권의 패권을 보여 줬는데 좌장은 신계륜이었다. 운동권에선 스카이 아니면 사람 취급을 받지 못했다. 2004년, 열린우리당 청년 위원장 쟁탈전이 치열했다. 최초로 헤게모니를 잡은 사람은 허인회였다. 그해 허인회는 지방 선거에서 홍준표에게 아깝게 패했다. 고대에서 학생회장 순서가 부산에서 장관을 했던 김영춘, 그다음이 허인회, 이인영 순이다. 허인회가 선배이지만 정치에는 늦게 들어왔다. 자기보다 한참 어린 후배들이 대부분 국회의원을 하고 그런 후에 열린우리당에 들어와 청년 위원장을 했는데 낙선했다.

이후 그는 미국행에 올랐다. 한국 정치사에서 허인회라는 인물은 중요하다. 그가 미국으로 가고 난 후 무주공산이 된 청년 위원장 자리를 미키 루크가 꿰찼다. 청년 위원장은 비례대표가 보장된 자리였는데 허인회는 이를 받지 않았다. 그런 위상을 가진 미키 루크였으니 당시 정청래나 이재명보다 한참 높은 위치였다.

미국에 갔던 허인회가 2년 만에 컴백하며 가져왔던 게 BBK 사건이었다. 아무도 받지 않았다. 모두가 몸을 사렸다. 누가 봐도 이명박이 대통령에 당선되는 선거라 믿는 분위기였다. 그때 운동권에서 서열이 낮아 설움 받던 이가 있었는데 그가 정봉주다. 손학규에 붙어서 재기를 노리던 차에 덥석 BBK 사건을 물었다.

열린우리당 경선 과정 중에 손학규 쪽의 정봉주와 정통 멤버 이재명 간의 일명 박스 떼기 사건이 벌어졌다. 그때 정봉주는 경찰서에서 이재명을 처음으로 마주했다. 정동영 펜클럽이 현역 국회의원에게 폭력을 썼다고 난리가 났을 때 정통의 변호사로 "거기, 누가 난리야?"라고 하면서 이재명이 등장했다.

깔린 국회의원 정봉주,
박스 떼기로 난리 친 정통 펜클럽 회장 이재명.

정동영 캠프에서 BBK 사건으로 이명박을 저격하다가 선거법 위반으로 감옥 간 정봉주. 감옥 가기 전에 정봉주가 자기의 재기를 위해 끝까지

지금 알게 된 것을 그때 알았더라면

했던 게 이명박 직격이었다.

그러니 이재명은 다시 보스 없는 정치인이 된 거였다. 정동영이 선거에서 패했기 때문이다. 보스가 없으면 무슨 문제가 생기냐면 안중에 없게 된다. 2010년, 밖에서는 경기도지사 선거로 유시민이 한창 뜰 때였다. 당시 이해찬은 유시민에게 당으로 들어와 대선 주자가 되길 원했지만, 유시민은 이를 거부했다. 이해찬의 고민이 깊어졌고, 친노의 중심을 바꿔야겠다는 결심을 하기에 이른다.

2010년 경기도지사 선거에서 유시민이 패배하자마자 이해찬은 문재인을 띄우며 혁신과 통합을 만들었다. 그때 이재명은 이해찬의 안중에 없었다.

이재명은 민주당이 아닌, 성남에 있던 경기동부연합과 손을 잡을 수밖에 없었다. 민주당의 아싸로 끈이 떨어지면서 성남의 경기동부연합과 악어와 악어새로 물리게 된 거였다.

2장

몬순 지대

하지만 그 사랑을 우린
자기 그릇만큼 밖에는 담지 못하지.

_ 에밀리 디킨슨

은밀한 지위

검찰 조사를 한 번 받은 후 2021년 10월 1일 긴급 체포된 나는 바로 구속됐다. 병원에 들렀다가 오전 10시에 검찰에 들어가기로 했는데 그새 체포영장이 발부됐다. 체포된 후 20일 구속 기간을 채우고 바로 구속영장이 발부돼 구속됐다. 증거인멸이었다.

압수 수색이 들어 온 날, 내게 핸드폰을 창밖으로 던지라는 정진상의 말을 듣고 던져 버린 게 증거인멸에 해당했다. 김용의 말대로 태백산으로 도주까지 했다면 내 삶은 대책 없이 참혹했을 거였다. 그런데도 나는 정신을 차리지 못했다. 구속될 거를 미리 알려주고, 중앙지검과 이재명 측이 소통한다는 말을 귀띔한 정진상과 김용의 말을 조금도 의심하지 않았다. 소통하고 있다는 말에 간혹 비집고 드는 방정맞은 생각을 몰아내기까지 했다. 정진상이 내게 경기도의 고문변호사였던 김민수를 보냈다. 구속 전에 다른 건으로 선임한 변호인이 있었지만, 변호인이 많은 것도 어찌 보면 특권이다 싶어 접견실로 나갔다.

"위에서 보내서 왔습니다. 도와드리라고 해서요."

그는 자신을 짤막하게 소개하고는 한마디를 덧붙였다.

"유 사장님, 무료로는 할 수 없으니
수임료는 300만 원만 받겠습니다."

순간, 뭐지? 하는 생각이 들었다. 그렇지만 그 말은 내게 크게
느껴지지 않았다. 그땐 그랬다. 모든 건 정진상과 김용이 알아서
해 줄 테니 말이다. 나중에 그가, 집사람에게서 변호사 수임료로
300만 원이 아닌 3300만 원을 받아갔다는 말을 듣고 나서야 진
짜 이게 뭐지? 하는 생각이 들었다. 정진상과 김용에 대한 서운함
이 밀려왔다. 내가 돈이 없다는 걸 누구보다 잘 아는 두 사람이었
다. 그런 내게, 이재명을 대신해 구치소에 들어와 있는 내게, 자신
들의 죄까지 다 뒤집어쓰는 마당에 내게 변호사비를 걱정하게 하
는 게 맞는 건가. 그런 생각이 들자 모든 게 의문투성이였다. 그렇
지만 밀려드는 본능적 의구심을 키우면 나만 힘들어질 게 뻔했다.
손바닥만 한 구치소 안에서 내가 할 수 있는 일은 아무것도 없었
다. 나는 간사한 마음과 타협했다. 일종의 체념적 의탁이었다. 그
시간이 훌쩍 지나가기만을 바랐다.
　그런데 정진상이 나를 변호하기 위해 보낸 김민수 변호사가 너
무 불성실했다. 내가 검찰에 조사받으러 가거나 재판받으러 갈 때
조차 나타나지를 않았다. 한두 번 들어오고는 끝이었다. 몹시 화
가 났다. 이유가 따로 있었다.

조용한 폭력

편안한 잠을 이루지 못하는 나날이었다. 아침에 일어날 때면 머리가 깨질 듯 아팠다. 그래도 조사가 있는 날이라 시간이 되면 검찰청으로 가야 했다. 지옥으로 끌려가는 느낌이 이런 걸까. 사실을 사실대로 말할 수 없는 처지가 괴로웠다. 이미 각오했던 일이라고 해도 어디 사람 마음이란 게 마음먹은 대로만 흘러가던가. 그래도 이재명을 위해서, 정진상과 김용을 위해선 거짓말을 해야만 했다. '모든 건 다 내가 한 일이다'라고.

그날 검사는 내게 또 다른, 그 전에 쓰던 핸드폰이 어디에 있는지를 물었다. 그 물음엔 사실대로 말할 수 있었다. 구속 전에 창밖으로 던졌던 핸드폰은 2021년 9월 14일, 정진상이 번호를 바꾸라고 해서 새로 개통해 쓴 핸드폰이다. 2주밖에 안 된 핸드폰으로 정진상이 버리라고 해서 창밖으로 던졌던 거고, 경찰이 그 핸드폰을 10월 8일에 확보했다고 했다.

그러니까 집사람에게 있는 건 2021년 2월부터 직전까지 7개월을 쓴 아이폰12 프로맥스였다. 그 이전에는 삼성폰만 썼었는데 정진상이 어느 날 내게 갑자기 핸드폰을 바꾸라고 했다. '지사가 아이폰이 아니면 통화를 꺼려한다'라고 해서 당시 사용하고 있던, 바꾼 지 불과 2개월밖에 안 된 핸드폰은 지인에게 주고 아이폰을 사용한 이후로 나는 아이폰만 사용했다. 아이폰으로 처음 바꿀 때 나는 살짝 서운한 마음이 들었다. 나까지 못 믿나, 하는 생각이 들어서였다. 이미 오래전부터 그들은 철저히 대비하고 있었는데 결과적으로 나만 모른 거였다. 직전에 사용하고 보관하던 그 핸드폰이 치명적 무기로 돌변할 줄은 당시로서는 짐작조차 하지 못했다.

그 안에 들어 있는 건 아무것도 없었다. 이재명을 돕기 위해 정진상, 김용 그리고 나와 공동사업자인 정민용 변호사 정도와 통화한 게 전부였다. 텔레그램은 이미 삭제한 터라 신경 쓸 이유가 없었다. 보란 듯이 검사에게 말했다. "그러면 차라리 내가 옛날에 쓰던 핸드폰 가져다줄게요"라고 말하곤 입회해 있던 김국일 변호사를 통해 집사람과 전화해 핸드폰을 갖고 오게 했다. 그런데 핸드폰이 집에 없다는 집사람의 목소리가 전화기 밖으로 튀어나왔다. 그 말에 내가 다급하게 물었다.

나	핸드폰 어쨌어?
집사람	버렸어.
나	그거 왜 버렸는데?
집사람	버렸어. 지금 없어.
나	아니 그걸 왜 버렸어?

기가 찰 노릇이었다. 집사람이 그걸 버릴 아무런 이유가 없었다. 통화를 듣고 있던 검사가 물었다.

검사 며칠 전, 면회 다녀가셨죠? 그때 버리라고 한 거 아닙니까?

나 네, 면회 다녀간 건 맞아요. 그렇지만 핸드폰 이야기는 꺼내지도 않았습니다.

나는 집사람에게 다짜고짜 핸드폰이 왜 없는지를 물었다. 아내는 뜻밖의 말을 했다. 정진상이 내게 보냈던, 경기도 고문변호사였던 김민수가 며칠 전 집사람을 찾아와서는 묻더란다.

김민수 유 대표님 짐, 여기에 있다면서요?

집사람 옷 같은 거밖에 없어요.

김민수 옷 말고 뭐가 있다던데요. 핸드폰 같은 거 없나요?

집사람 아, 핸드폰 하나 있어요.

김민수 빨리 그거 버리시는 게 좋아요.

정진상이 내게 보냈던 변호사, 그 자가 집사람을 찾아가 핸드폰을 버리라고 한 거였다. 집사람으로선 변호사의 말이었고, 나를 위한 일이라 생각해 그 즉시 핸드폰을 파기해 쓰레기통에 버렸던 거였다. 생각해 보니 그가 며칠 전, "유 대표님, 전에 쓰던 핸드폰 다 어쨌어요?"라고 묻기에 나는 아무런 의심 없이 말했다. "집사람한테 있죠. 안에 아무것도 없어요." 변호사가 묻는 말이어서 아무런 의심도 하지 않고 했던 말이었다.

화가 너무 났다. 혼란스러웠다. 아무리 생각해도 이해가 되지 않았다. 결과적으로 그 사건은 나와 집사람에게 데미지를 줬고 지금껏 괴롭히고 있다. 그때 그를 쳐냈어야 했는데 어리석게도 그때의 난 정진상과 김용을 떨쳐내지 못했다. 만신창이가 되고 나서야 정신줄을 바로잡았다.

2021년 10월 15일, 검찰은 집사람의 집을 압수 수색했다. 집사람이 내 핸드폰을 버렸다고 했던 말을 못 믿어서인지 검찰은 압수 수색을 단행했다. 버린 핸드폰이 집에 있을 리가 없었다. 이후 나는 '증거인멸 교사', 집사람은 미필적고의에 의한 '증거인멸' 올무에 걸려들었다.

집사람과는 당시 사실혼 관계에 있었다. 가장으로서 오랜 혼인 관계에 있던 가정을 지키지 못한 것은 내 잘못이다. 그렇지만 결혼 생활이란 게 한 사람의 노력만으로 되는 게 아니어서, 오랜 혼인 생활을 정리하고 다른 삶을 택했다. 예상했던 것보다 내가 빨리 구속되면서 집사람에게만큼은 피해가 가지 않길 바랐다. 혹시나 피해가 갈까 봐 노심초사했었다. 피해가질 못했다. 의지와 상관없이.

집사람이 핸드폰을 버린 시점이 내가 구속된 직후가 아닌가. 영락없는 증거인멸이었다. 당시 집사람과 내가 혼인신고가 돼 있지 않다는 것을 들여다보고 있던 자가 그린 밑그림은 치밀했다.

남욱 귀국의 비밀

　　　　　　　　이해할 수 없었던 것은 남욱의 귀국이었다. 분명 나는 남욱이 대선 끝나고 들어온다며 출국한 거로 들었는데 2021년 10월 18일에 귀국했다. 하필이면 그날이 내가 구속 적부심을 받는 날이었다. 적부심에서 구치소를 나갈 거로 알았는데 바로 구속되면서 나는 조금씩 마음에 균열이 일기 시작했다. 당시로는 알지 못했다. 남욱을 부른 사람이 김만배였다는 사실을. 김만배가 남욱을 불러들인 게 나를 위해 불러들였겠나? 적부심 받던 날 내게 판사가 물었다.

　　판사　　왜 핸드폰을 창밖으로 던져 증거인멸을 했죠?
　　나　　　네, 찾을 수 있게 협조 다 했습니다.
　　판사　　뇌물은요?
　　나　　　나중에 법정에서 가리겠습니다.

　　나는 그 자리에서 뇌물을 얼마를 받았다고 다툴 필요가 없다고 여겼다. 내 말이 떨어지기 무섭게 판사의 말이 이어졌다.
　　"뇌물요, 이미 남욱이 검찰에 와서 다 이야기했습니다."
　　그때 나는 검사도 없는 가운데 그 자리에서 바로 구속됐다. 마음이 복잡해졌다. 남욱이 검찰에 와서 다 이야기했다면 구속될 사람이 어디 나뿐인가. 나를 겨냥한 게 아니라면 나만 구속될 일이 아니었다. 굴비처럼 엮일 자들이 한둘이 아니었다. 그런데 나만 구속된다? 뭔가 단단히 잘못된 게 틀림없었다. 남욱의 귀국을 두고 말이 많았다. 검찰에 의한 기획 입국이 아니겠냐는 말이 지배적이었다. 하지만 검찰의 압박에 의한 귀국이 아니었다.

"이재명이 대통령 되면 가만두겠냐 너를?

이재명, 대통령 돼. 되면, 니가 거기에 있으면 가만 놔두겠냐고?"

남욱은 한 언론과의 인터뷰에서 "김만배가 평소에 유동규 전 본부장을 천화동인 1호 소유자인 '그분'이라고 지칭한 기억은 없다"라고 말했다. 윗선이 더 있을 거란 취지로 대선을 앞두고 논란이 됐던 대장동 그분이 '이재명일 수도 있다'라는 거였다. 그런데 엿새 만에 '대장동 그분'을 바꿨다.

미국 체류 중이던 남욱에게 김만배가 수차례 SNS로 전화해 협박했다. 남욱은 무서워 귀국했고, 살기 위해서라도 김만배가 원하는 대로 검찰에 진술했다고 했다. 남욱은 일찍이 김만배의 무서운 능력을 목격했었다.

2012년 8월쯤, 최윤길 성남시의장이 뇌물수수 건으로 수원지검에서 수사를 받았었다. 당시 수원지검장은 검찰총장까지 했던 김수남이었다. 김만배가 말했다.

"내가 수원지검장 만나서
최윤길 잘 봐달라고 했어."

최윤길은 무혐의를 받았다. 그거뿐인가. 대법원 판결도 바꾼
김만배였다. 못할 게 없는 김만배였기에 남욱으로선 그의 말을 따
르지 않을 수 없었던 거였다.

　나는 남욱과 달리 흔들리지 않았다. 수사 편의주의로 일단 잡
아넣은 후 심리적 압박을 가해 자백을 쉽게 받아내고자 하는 발
상에서 생긴 게 '구속'이긴 해도 난 그 심리적 압박을 견디며 아무
것도 말하지 않았다. 정영학 녹취록 건이 터지기 직전 정진상이
내게 물었다.

정진상　오늘 정보인데 정영학이 중앙지검에 녹취록을 갖고 들어갔
　　　　다. 파장이 얼마나 될까?
나　　　상당히 클 거 같은데요. 최근에 (김)용이 형이 돈(대선 자금)
　　　　받아 간 거까지 나올 거 같은데.
정진상　심각한데.
나　　　네, 심각합니다 형. 제가 다 묻고 갈게요. 대선은 어쩌죠?
정진상　운명이지 뭐.

정진상에 대한 내 대답은 건조했고 무덤덤했다. 모든 죄는 내

가 떠안으려 했다. 정진상의 말마따나 운명이었다. 그렇지만 그 운명이 내 운명인지, 아니면 정진상 자신의 운명인지, 이재명의 운명인지는 이제 곧 밝혀질 일이다.

내가 구속된 지 한 달여 지난 2021년 11월 22일, 김만배와 남욱도 구속됐다. 정영학 녹취록에 등장하는 또 다른 인물 둘이었다.

구속 중 재판에서 김만배를 잠깐 마주했다. 그때 김만배가 말하길 "이재명 대선 캠프와 소통하고 있다. 이재명이 대통령 되면 우리 모두 나간다"라고 했다. 멍청하게도 난 그 순간에도 그 '우리'에 나도 포함되는 줄 알았다. 시작도 없고 끝도 없는 말장난에 내 마음은 다시 요동쳤다.

어떤 해로운 죽음 앞에서

그 소식을 들은 건 구속된 지 두 달 조금 지난 뒤인 2021년 12월 21일이었다. 처음엔 내 귀를 의심했다. 김문기 처장의 죽음을 믿을 수 없었다. 국민의힘은 대장동 사건의 진실을 가리기 위해 김 처장을 압박했던 것 아니냐며 이재명에게 몰아붙였다. 그때 이재명의 입에서 퉁겨져 나온 말은 뜻밖이었다. "김문기 몰랐다."

이 발언은 허위로 현재 공직선거법 위반죄로 고발돼 재판 중에 있다. 이 발언을 듣고 당시 나는 몹시 흔들렸다. 나도 김문기 처장과 같을 수 있겠다는 생각이 스멀거렸다.

그와 함께했던 일들이 파노라마처럼 펼쳐지면서 마음이 몹시 아팠다. 내가 구속되기 직전까지 이재명을 옹호하기 위해 같이 일했던 분이 아닌가. 그보다 더 충격적인 것은 그가 죽은 지 며칠 지나지 않아 텔레비전 화면을 꽉 채운 이재명 부부의 모습이었다. 산타 복장을 한 부부가 웃으며 춤을 추고 있는 게 아닌가. 더 소름이 돋았던 건 그날이 고 김문기 처장의 장례식 날이었다. 김문기 처장을 '몰랐다'라고 발언한 것을 증명이라도 하듯 타인의 슬픈 죽음 앞에서 이재명 부부는 덩실덩실 춤을 췄다.

눈물이 났다. 하늘도 없는 천장을 올려다보는데 슬픔이 그 천장을 찍고 고스란히 내 몸으로 스며들었다. 모든 게 생생했다. 김문기 처장을 마지막 만났던 날의 표정과 떨리는 목소리가. 나는 태어나서 그토록 슬프고 괴로워하는 남자의 얼굴은 처음이었다. 내 코가 석 자여서 그에게 달리 할 말이 없었다. '뭐가 됐든 회사를 위해 일하면 되는 게 아니겠냐고.' 아무런 위로가 되지 않을 말을 한 게 몹시 후회되었다.

구속되기 전, 나 역시 자살을 시도했다. 내 죽음으로 모든 걸 감추려 했다. 맨정신에 9층에서 뛰어내리지 못할 듯해 술과 수면제를 먹었었다. 창문으로 보이는 깊은 밤의 서울 시내는 그날따라 무덤들이 뭉텅이로 뭉쳐 있는 듯했다. 죽음이 멀리 있지 않고 내 발밑에 있다는 걸 느끼며 9층에서 뛰어내려 죽으려 했지만,

얄궂게도 죽지 못했다. 수면제와 술에 취해 그만 잠이 들고 말았다. 그날 내가 거기에서 뛰어내려 죽었다면 이재명 부부는 그때도 깔깔거리며 춤을 췄을까 하는 생각이 들면서 이성이 마비가 온 듯했다.

그랬다. 내가 느끼는 고통이 타인에게도 고통일 순 없다. 말 그대로 다른 사람의 고통이다. 내 고통은 내 고통이고. 그러니 김문기 처장이 죽음을 품고 느꼈을 고통을 내가 다 헤아릴 순 없었다. 얼마나 힘들었으면 그 삶의 자락을 놓았을까 가늠만 할 뿐이다. 눈물이 도통 멈추질 않았다. 그의 죽음이 마음 아프기도 하고, 거기에 더해 손바닥만 한 구치소 안에서 CCTV로 감시당하며 옴짝달싹 못 하는 내 처지가 한심했다. 그를 잃은 슬픔을 핑계 삼아 내 처지를 은근슬쩍 묻어가려는 것은 어쩌면 산 자가 벌이는 자기 위로에 지나지 않은 일이었다. 좀처럼 가라앉지 않는 마음이었다.

붕 떠 있는 마음이 애먼 곳을 배회했다. 내 인생이 왜 이렇게 똥같이 됐나 하는 마음에 종작없이 갈등하기도 했다.

더욱이 조사를 받으며 사실을 사실대로 말할 수 없는, 말해선 안 되는 그 상황이 끔찍했다. 이재명의 죄를 숨겨주기 위해 침묵하는 동안 나를 좀 먹는 게 아닌가, 하는 생각까지 들었다.

가룟 유다의 후예

　　　　　　내가 구속되던 날, 이재명은 경기 지역 공약 발표를 마친 후 가진 경기도 출입 기자들과의 간담회에서 나와의 관계를 묻는 기자의 질문에 이렇게 말했다.

"시장 선거를 도와준 건 맞지만 측근 그룹은 아니다.

시장 선거를 도와준 것은 맞다.

하지만 경기도에 와서는 서로 다른 길을 걸었다.

대선 캠프에는 참여하지 않았다.

지난해(2020년 12월 말) 갑자기 사표를 냈는데

나중에 보니 영화 제작예산 388억 원 요청해 놓은 것이

반영이 안 돼서 그만뒀다는 이야기를 들었다."[13]

　　내가 이재명을 대신해 모든 죄를 뒤집어쓴다는 것을 알면서도 위와 같은 말을 하는 것은 너무 악의적이었다. 타고났다. 말 뒤집고 거짓말을 밥 먹듯이 하는 데엔. 문제는 그 거짓말을 덮기 위해 또 다른 거짓말하는 것을 '임기응변'이라고 여긴다는 점이다. 아무런 거리낌이 없다. 부끄러움을 모른다. 나를 모른다고 한 것까지는 짜고 친 고스톱이니 그렇다 쳐도 내가 다른 사업을 하려고 나간 것까지 거짓말하는 건 놀라운 일이었다. 그런 말을 들어가면

13　이재명, "유동규, 시장선거 도와줬지만 측근은 아냐",《동아일보》, 2021년 10월 3일.

서까지 그의 죄를 뒤집어쓰려 했던 내가 참 한심했다.

한편으론 이재명이 불쌍했다. 거미줄에 걸린 곤충처럼 아등바등하는 게 우스꽝스러웠다. 아등바등할수록 자신을 더 옭맨다는 걸 그만 모르는 듯했다. 그는 끊임없이 가짜 뉴스를 만들어 내는 좀비에 지나지 않았다. 거기에서 그칠 그가 아니었다.

유시민에서 유시민에게로

2018년 경기도지사 경선은 파멸적 그 자체였다.

이재명에게 '찢'이란 멸칭을 쓴 것도 그 경선이었다. 이재명 진영의 이동형 작가는 '친문똥파리'라 맞받아쳤다. 찢, 똥파리는 그렇게 이재명과 전해철 경선 과정에서 탄생한 말이다.

친문 팟캐스트 '정치신세계'는 '정치신천지'라 비하되고, 문꿀오소리는 문파를 자처하며 맞서는 상황이 전개됐다. 이는 2018년 당 대표 경선까지 이어지며 김진표-이해찬의 당권 경쟁 과정에서도 해골찬 등의 용어를 만들어 냈다. 친문들의 김어준 보이콧도 이어졌다. 이 당시부터 친노와 친문 진영을 향한 이재명 측 스피커로 등장한 자가 양문석이다.

양문석이 전해철과 경선에서 승리하고 노무현을 향한 막말을 퍼부었음에도 용납되는 히스토리가 다 있었다. 당시 친문 눈치를 보며 이재명을 가볍게 깎아내리다가 이제는 다시 친명 눈치 보며 양문석을 두둔하는 사람이 있다.

그가 바로 유시민이다.

유시민은 이해찬을 정치적 뿌리로 둔 자로 봐야 일관성 있다. 노무현이 유시민의 뿌리로 보이는 건 그저 착시현상일 뿐이다.

3 _장

죽어야
사는 남자

아버지께서 죽은 자들을 일으켜
살리심 같이
아들도 자기가 원하는 자들을
살리느니라

_ 〈요한복음〉 5장 21절

이타주의 한계

　　자신이 손해 입는 상황에서 남을 돕는 행동을 할 수 있는 게 가능할까? 가능하다면 어디까지일까. 나를 돕겠다고 왔던 김민수 변호사는 나도 모르게 집사람에게 보관 중이던 내 핸드폰을 버리도록 하면서 나를 더 깊은 수렁으로 밀어 넣었다. 나는 몹시 흔들렸다. 그렇다고 내가 먼저 검사에게 '정진상이 보낸 변호사가 나도 모르게 집사람에게 핸드폰을 버리라고 했다'라고 말할 수도 없는 노릇이었다. 그 말은 곧 정진상과 김용도 나와 공범이란 걸 자백하는 거나 마찬가지였다. 사실을 말한다고 해도 검찰이 믿어 줄 거란 보장도 없었다.

　이러지도 저러지도 못하는 상황에서 6개월 구속 만기가 다가왔다. 구치소 안에서의 하루는 밖에서의 1년과 맞먹는 시간 같았다. 시간이 더디게 가면서 무력감이 나를 짓눌렀다. 불현듯 다가온 불길함에 몸서리치며 정신을 차렸을 땐 분위기가 구속 연장으로 기우는 듯했다. 불길한 예감은 비껴가질 않았다.

　2022년 4월 18일, 검찰은 내게 추가 구속영장 발부 심문에서 "불구속 시 법정 안팎에서 증거인멸 행위가 자행될 것"이라고 했다. 법원은 추가 구속영장을 발부했다. '증거인멸교사'였다. 우리나라에서 '증거인멸교사'로 구속된 건 처음이라고 했다. 죽을 거같았다. 검찰은 집사람마저도 증거인멸로 약식기소를 해버렸다. 나로선 갈피를 잡지 못했고 혼란스러웠다.

　　　　　　　　　　　　죽어야 사는 남자

나는 집사람에게 핸드폰을 버리라고 한 적이 없다. 그런 얘기조차 나눈 적이 없다. 만약 내가 핸드폰을 버릴 상황이라면 구속되기 전, 내 손으로 하지 않았겠나. 구속된 후에 누구에게 핸드폰을 버려달라고 말할 이유가 없다. 구속된 마당에 증거인멸을 내가 왜 하겠는가. 물론 구속 전에 핸드폰 안의 모든 내용을 삭제한 것은 나를 위해서가 아니었다. 독박 쓰지 않으려면 핸드폰 내용을 뭐하러 지우겠는가. 내 변호를 위해서라도 지우지 않고 있지. 핸드폰의 내용을 지운 건 순전히 이재명을 비롯해 정진상과 김용을 감추기 위해서였다.

누군가 그런 말을 한 적이 있다. '범죄를 짓는 사람치고 자신이 잡힐 거라 생각하는 사람은 거의 없다'라고. 범죄를 짓는 사람 대부분이 완전 범죄를 꿈꾼다는 얘기다. 완전 범죄의 전제는 증거인멸이다. 죄를 지은 범인이라도 유죄를 입증할 증거가 없는 한 결백을 주장할 수 있다는 얘기다. 뜬금없이 이 내용이 생각난 건 내 맘의 궁여지책이었다. 완전 범죄를 꿈꾼 내가 아닐진대 증거인멸의 누명까지 쓸 줄이야. 마음이 거기에 머물자 견딜 수 없는 모멸감이 끼쳐왔다.

이미 내가 구속된 것만으로도 가족의 삶은 쑥대밭이었다. 나는 구치소에서, 가족은 구치소 밖에서.

결국, 내가 선택할 수 있는 것은 죽는 일밖에 없었다. 처음, 변호사를 선임할 때도 수임료 마련을 위해 나는 누나들에게 정신적·물질적 고통을 안겼다. 딸에게 미안함은 말할 것도 없다. 참을 수 없었던 것은 집사람마저 아무런 죄 없이, 변호사가 시키는 대로 했던 일로 재판받게 만든 일이었다. 고통스러웠다. 차라리 내가 죽어버리면 남겨진 가족은 잠깐만 슬프면 되지 않을까. 그렇게 잠깐 슬픈 게 나을 거라 판단했다. 잊고 살 테니. 아무에게도 말할 수 없는, 그들이 짜놓은 프레임 속에서 헤어나올 수 없는 제로섬 게임은 내가 죽어야만 끝나는 거였다. 죽어야겠다고 생각했고 차곡차곡 준비했다. 그 상황에서도 내가 제일 두려워했던 건 어리석게도 따로 있었다. 한계에 다다른 내가 모든 사실을 있는 그대로 불어버리는 거였다. 못났다 참!

죽음이 통과한 자리

　　　　　　　　죽자, 죽자, 죽자. 나는 숨겨 뒀던 50여 알의 수면제를 한꺼번에 입속으로 털어 넣었다. 그러고는 세상에서 가장 무거운 눈꺼풀을 스르르 닫았다. 세상에서 지내는 마지막 밤이길 바라며 안녕을 고했다. 아니었다. 그것은 끝이 아니었다. 온갖 소음이 귀로 뛰어들어 눈을 떠 보니 병원 응급실인 듯했다. 또렷하지 않지만 지옥은 아니었다.

　내가 수면제 50여 알을 먹은 것을 안 사람은 아무도 없었다. 약간의 거품을 입에 물고 쓰러져 있는 것을 발견한 교도관은 뇌가 잘못된 줄 알고 급히 병원으로 이동해 CT 촬영을 받게 했다. 뇌에는 이상이 없었다. 일시적인 섬망 증상이라 판단했다. 수면제를 먹은 줄 알 턱이 없으니 병원에서 위세척했을 리도 만무했다. 교도관은 그런 나를 다시 구치소로 데리고 왔다. 나는 여전히 몽롱한, 환각 상태로 사나흘을 보냈다. 변호사가 면회를 왔다고 하니까 습관처럼 일어나 면회했는데 정작 나는 그때의 기억이 없다. 면회 왔던 서준범 변호사가 이야기해 알았다.

구치소에서 내가 죽으려고 약을 먹은 건 그렇게 세상에 알려졌다.

수면제는 구치소 안쪽 벽에 덧칠해 도배했던 자리에 유독 볼록 나와 있던 데를 뜯었더니 거기에 들어 있던 거였다. 내가 사회에서 먹던 거랑 같아서 수면제란 걸 알았다. 그 방에 있었던 어떤 미결수도 나와 같은 생각으로 수면제를 모아 둔 게 아니었을는지. 결국 그 누군가도, 나도 성공하지 못한 죽음이었다. 나중에 CCTV를 확인했다. 수면제를 먹은 내 모습을. 환각 상태에 빠져 이상한 행동을 하다가 푹 쓰러지는 모습이 들어 있었다. 나는 그렇게 또 죽지 못했다.

내 변호인은 살인 사건을 목격한 듯 충격받고 이러다 큰일나겠다 싶었는지 서둘러 "증거인멸교사가 인정되지 않고, 인정되더라도 구속할 사안이 아니며, 법리상으로도 문제가 있다"라는 의견서를 재판부에 제출했다. 기존 재판과 새로 구속되는 증거인멸교사 재판을 분리해 신속히 진행해 달라는 변론 분리 요청서를 제출했다.

그렇지만 재판부는 작정이라도 한 듯 요지부동이었다.

나쁜 기억 지우개
그리고 양심

정신이 돌아왔을 때 내 입에서 처음 나온 소리는 신음에 가까운 비명이었다. 어쩌자고 죽지도 못하게 하는 것인가. 절대자에 대한 원망이었다.

하늘이시여!

저는 죄를 많이 지었습니다.

이런 저를 왜 죽지도 못하게 하십니까.

이 지옥 구렁텅이를 언제까지 헤매게 하실 건지요.

저승사자는 다 뭐하는 것인지요.

얼굴 한번 보게 해 주십시오.

(마음의 소리)

아직 네겐 할 일이 남았다.

무슨 할 일이 남았습니까. 제가 뭘 할 수 있겠는지요.

저는 이제 끝났습니다. 할 수도 없고, 할 힘도 없습니다.

낙인찍힌 제가 뭘 할 수 있고, 뭘 할 게 있겠는지요.

아무것도 하기 싫습니다.

(마음의 소리)

너는 아직 살아 있느니라. 완전히 죽고, 온전히 살려면

네 죄를 완전히 고백해야 죽을 수 있고, 온전히 살 수 있다.

절대자에 대한 원망에서 시작된 내 마음의 울림은 예상하지 못
했다. 신기하게도 마음의 울림이 가슴에 콕콕 박혔다. '아직 할 일
이 남아 있고, 죄를 완전히 고백해야 온전히 살 수 있다?'라는 마
음의 울림이 소리로 만들어져 밖으로 나온다는 게 나로선 믿기지
않는 일이었다. 그 소리가 내 마음 깊은 곳에 침잠해 있던 '양심의
소리'라는 건 뜻밖의 사건에서 드러났다.

나를 죽음으로 안내했던 그 문제의 변호사가 오랜만에 구치소
에 출몰했다.

구치소 안에서 체포를

이재명이 대선에 패하고 석 달도
채 지나지 않아 인천 계양을 보궐 선거에 출마해 당선되면서 연일

뉴스에 등장했다. 그의 이름 세 글자 옆에는 항상 '방탄'이라는 꼬리표가 붙어 다녔다. 거의 하루도 빠짐없이 대장동 사건과 한 몸처럼 붙어 다녔다. 본인은 절대 부인을 하지만, 깨어 있는 사람들은 그 진실을 손바닥 들여다보듯 보고 있었다. 진실도 거짓으로 만들고, 거짓도 사실로 만들어 내는 그의 놀라운 기질에 '똥이 무서워서 피하냐, 더러워서 피하지!'라는 심정으로 건너뛸 뿐이었다.

그즈음 김민수 변호사가 구치소에 나타났다. 웬일인가 싶었다. 나를 수사하던 수사팀이 바뀌면서 분위기 파악을 위해 왔나 싶더니 이후 몇 번을 더 드나들었다. 어느 날 나는 그가 돌아간 후 곰곰이 생각해 봤다. 그가 나를 찾아온 날을 복기하며. 보니까 그가 구치소에 나타난 날은 대장동 관련 새로운 뉴스가 나오거나 이재명에 대한 이슈가 터지면 짠하고 나타났다.

하루는 내가 교도관에게 "오늘쯤 우리 변호사가 올 것 같네요"라고 하면 그날 실제로 그가 왔다.

그때 난 비로소 내 안의 울림, 내 본능에 충실해야겠다는 신념이 폭발했다. 내가 선임한 변호사가, 나를 위해 일하는 게 아니라, 이재명을 위해 내가 무엇을 하고 무슨 생각인지를 살피러 온 거란 생각을 떨쳐낼 수가 없었다. 마음의 추가 자꾸 본능 쪽으로 기울었다. 구속 연장을 당하면서까지 입 다물고 있던 나였다. 수사팀이 바뀌고 그랬어도 나는 여전히 입도 뻥긋하지 않았다.

그러다 2022년 8월 22일, 대장동 뇌물죄 재판에 참석했을 때였

죽어야 사는 남자

다. 증인석에 집사람이 앉았다. 순간 나는 심장이 멎는 줄 알았다. 증인석에 앉은 집사람에게서 산사람의 온기가 사라진 듯한 느낌을 받았다. 더 충격은 그녀의 말이었다.

"여기 앉아있는 것 자체가 수치스럽고 너무 힘듭니다."

코끝이 매웠다. 울컥, 하고 가슴에서 뭔가가 올라왔다. 내가 왜 이러고 있나 싶었다. 비루함마저 들었다. 그냥 내가 지은 죄만큼만 죗값 받으면 되는 것을 뭐 하려고 온 가족에게 이런 고통과 수치심을 갖게 하는 짓인지 숨이 잘 쉬어지지 않았다.

거기에서 끝나지 않았다. 사흘 후, 증거인멸교사에 대한 공판이 진행됐다. 모진 현실은 나와 집사람을 숨 돌릴 틈 없이 코너로 몰았다. 설상가상으로 대장동 개발 사건을 수사하던 검찰이 위례 신도시 개발 의혹을 제기했다. 그전의 수사팀과는 완전히 달랐다. 진짜로 열심히 수사했다.

2022년 8월 31일, 검찰은 내가 있는 구치소로 수사관들을 보내 압수 수색을 했다. 거기에 그치지 않고 소환 명령까지 내렸다. 새로운 수사팀은 이전 수사팀과는 달랐다. 내가 수사를 거부하자 9월 19일, 수사 검사가 직접 와서 나를 체포했다. 충격이었다. 1년 안에 두 번이나 체포당하는 이런 일을 누가 상상이나 했겠나. 그 길로 나는 구치소를 벗어나 검찰청 지하에 있는 구치감에 갇혔다.

수사받는 내내 나는 아무런 말도 하지 않았다. 마음속에서는 다 털어놓고 마음의 짐을 덜자고 외치는데 몸은 거부했다. 내 몸이 마음보다 힘이 셌다. 즉, 출렁대는 이성을 몸뚱어리가 붙잡고 있었다.

깊은 생각을 하고 또 했다. 혹시라도 정진상과 김용이 다른 작전을 걸어놓아서 생긴 일이라면 내가 움직여선 안 되는 일이었다. 그랬다간 모두가 끝장이었다. 지켜봐야 한다고 생각했다.

문　　이재명의 최측근이 누구인지 알고 있는가요.

답　　(묵묵부답하다)

문　　…… 그러면 누가 이재명의 최측근인가요.

답　　(묵묵부답하다)

나는 조사받는 3일 내내 '답변 거부'로 일관하고 서울구치소로 돌아왔다.

"누가 제일 싫어하겠습니까?"

　　　　　　　　다음 날 서준범 변호사가 접견을 왔다. 방에는 셋뿐이었다. 변호사 나 그리고 교도관. 들고 왔던 서류를 보던 서준범 변호사가 나를 얼핏 바라보다 작정이라도 한

듯 들고 있던 서류를 내려놓으며 물었다.

"유 사장님, 정직하게 가야 합니다. 숨긴다고 저쪽에서
유 사장님을 꺼내줄 거 같습니까?
정직하게 말씀하지 않으시면 저도 변호할 수 없습니다."

그 말에 가슴을 짓누르고 있던 묵직한 돌덩이 하나가 떨어져
나간 듯했다. 제대로 숨이 쉬어졌다. 이를 눈치챘는지 서 변호사
의 말이 이어졌다.

"사장님이 밖으로 나가는 거,
누가 제일 싫어하겠습니까?
곧 위례신도시 개발 특혜 사건, 분리·기소될 겁니다."

서 변호사의 말은 내 심장에 쐐기를 박았다. 구치소에서의 일
년이 주마등처럼 스쳤다. 느닷없는 체포와 구속의 연속이었다. 이
재명을 지키기 위해, 정진상과 김용을 지키기 위해 목숨이 끊어졌
는지, 붙어 있는지조차 까먹을 만큼 의리에 매달렸던 나였다. 반
면 모두를 대신해 떠안으려던 내게 보였던 정진상과 김용의 꿍꿍
이는 안갯속이었다. 최소한의 양심조차 결여했다. 불안함 가운데
묵직한 돌덩이가 온몸을 짓누르는 듯했다.

그런 내게 던진 서준범 변호사의 말은 사내들에게 익숙한 논리는 아니지만 힘이 있었다. 그의 말대로 정진상과 김용은 밖으로 나간 내가 자신들이 쳐 놓은 프레임을 눈으로 확인하는 걸 원치 않았던 게 틀림없다. 더는 그들 장단에 놀아나지 않기로 다짐했다. 그러면서도 마음 한편엔 여전히 작은 불씨 하나를 살려놓았다.

2022년 9월 26일, 중앙지검 반부패수사3부에서 위례신도시 개발 특혜 의혹으로 나를 재소환했다. 세 번째 조사였다. 내가 먼저 김영진 검사에게 말문을 열었다.

나   검사님, 진짜 사실대로 수사할 자신······ 있습니까?

김 검사 당연하죠. 사실을 말해도 수사할 거고, 안 해도 수사합니다. 사실을 고백하면 좀 더 쉽겠죠. 수사가.

나   진짜 자신 있습니까?"

김 검사 옷 벗을 각오하고 수사합니다. 내가 뭐 하려고 봐 줍니까. 다 파헤칠 겁니다.

수사 검사의 확신에 찬 말은 내게 구원이었고 희망이었다. 그랬다. 도움을 주고받던 관계가 더는 주고받을 일이 없을 때는 어느 한쪽은 존재할 이유가 없어지는 게 그들 세계의 룰이다. 정진상과 김용은 하나같이 내게 받을 게 없다고 판단하고 이미 관계에 종을 친 지 오래였다. 이제 나만 그들과의 관계에 종을 치면 되는 일이었다. 그렇지만 여전히 내 마음 한켠에선 '정진상과 김용을 오해한 건 아닌가, 다른 계획이 있어서 지금 저러는 게 아닌가' 하는 갈등마저 어쩌진 못했다. 그 순간 서 변호사의 말이 이명처럼 귓가를 떠돌았다.

'사장님이 밖으로 나가는 거,
누가 제일 싫어하겠습니까?'

그거였다. 그들에게 있어 나는 그저 도구였을 뿐이었다. 필요 없는 도구가 그들은 세상 밖으로 나와 두 발로 걸어 다니는 게 싫었을 터였다. 분명. 나를 괴롭혔던 정체와 비로소 맞닥뜨렸다. 어차피 흘러간 물이고 세월이었다. 더는 연연해하지 않기로 다짐했다. 이제부터 내가 해야 할, 무수히 쌓여 있는 그 일만 하기로 마음을 공글렸다. 거짓이 서식한 마음의 지옥, 나는 그곳을 탈출하기로 했다.

형사 사건, 승률 높은
변호사를 소개합니다

어라, 뭐지? 내가 구치소에서 압수

수색을 받든 체포를 당하든 안드로메다급 무관심으로 일관하던 김민수 변호사가 구치소를 방문했다. 사뭇 진지한 표정이었다.

"위에서 걱정이 많습니다. 그래서 드리는 말씀인데요. 제가 새로운 변호사를 추천하려고요."

나는 그에게 따지듯 묻고 싶었다. 대체 그 '위'라는 데는 실체가 있는 덴가? 아니면 자신이 만든 사이버 세계? 그것도 아니면 나를 감시하라고 지시한 그 위? 마음에선 골백번도 더 묻고 싶은 말이었으나 소리로 만들어 내진 않았다.

그가 후임이라며 변호사 이름을 알려줬다. 김용이 섭외했다고 했다. 뭐 나는 선택의 여지가 없었다. 김용이 보냈든 정진상이 보냈든. 아무렇지 않은 척 그들의 춤을 구경해야 하는 것은 내 원죄였다. 거절하면 또 왜 거절했는지 나를 괴롭힐 게 뻔했다.

2022년 10월 4일, 김민수 변호사 후임으로 전병덕 변호사가 인사를 왔다. 앞의 변호사가 나와 집사람을 벼랑 끝으로 몰아간 후라 그를 보낸 정진상과 김용에게 몹시 화가 나 있던 상황이었다. 그렇다고 그들이 보낸 변호사에게 정색하며 내 마음을 드러낼 이유는 없었다. 몇 번 안 되는 수감실을 벗어날 기회를 준 이였다. 무덤덤하게 맞이하면 되는 거였다.

그가 이재명 대선 캠프에서 일했던 경력이 있다는 건 나중에 안 일이지만, 내겐 달라질 게 없었다. 그저 내게 온 하나의 그렇고 그런 사람 중의 하나일 테니. 당시 내겐 신뢰를 제외한 모든 건 사절이었다. 신뢰를 주지 못하는 건 서로에게 비극이었다.

"위에서 보내서 왔습니다. 도와드리라고 해서요.
저는 비싼 변호사예요. 승률이 매우 높습니다."

피식, 웃음이 났다. 위, 어디? 하늘? 정진상과 김용이 보낸 변호사는 하나같이 구치소에 있는 내가 우스운지 '위'에서 보냈다는 걸 강조했다. 기억이란 신기하게도 그랬다. 당시에는 미처 알지 못했던 많은 것을 일깨워 준다. 그가 돌아가고 나서야 내 사건이 형사 사건이란 걸 깨달았다. 뭔 승률? 형사 사건에? 미덥지가 않았다.

그는 무슨 할 말이 그리 많은지 접견 시간 내내 자기 할 말만 떠들었다. 쉼 없이 떠들었다. 솔직히 나는 그와 별로 하고 싶은 말이 없었다. 그만 그 자리를 뜨려는 순간 그가 내게 변호사 선임 계약서를 내밀었다. 계약서를 쓰고 싶지 않았지만, 선임 계약서를 써야 구치소를 나갈 수 있다고 해서 일단 사인했다. 수임료를 얼마로 할지는 생각해 보겠다고 하기에 돌아서 나가는 그의 뒤통수에다 이렇게 말했다. '계산서 갖고 오면 그거 보고 정할게요'라고 못을 박았다.

가짜 변호사가 변호사법을
위반하는 방법

내 잘못이라고 생각했다. 전병덕 변호사가 다녀간 지 열흘이 넘었다는 걸 까먹은 것은. 10월 14일, 반부패수사1부 조사실에서 새로운 수사를 받고 있는데 전병덕 변호사가 들이닥쳐 안내데스크에서 소란을 피운다는 전언이었다. 그제야 수임 계산서를 갖고 오겠다며 돌아갔던 그가 떠올랐다. 순간 의문이 들었다. '지금 그가 여기에 왜 왔지?'였다. 부른 적도 없고, 더구나 수임료도 정하지 않고 계약서도 쓰지 않았다. 나로선 그냥 정중히 돌려보내는 게 낫겠다고 판단했다. '그냥 가시라고 하세요'라고 전하면 그가 그대로 발길을 돌릴 줄 알았다. 아니었다. 자기가 '선임된 변호사'라며 내가 조사받는 조사실로 들어가겠다고 난리를 쳤다.

그거로 대충 감이 왔다. 그가 왜 지금 그 난리를 치는지를.

얼마 전부터 내가 조금씩 '사실'을 불기 시작했고, 언론에 일부 흘러간 게 정진상과 김용의 귀에도 들어간 거였다. 그 둘은 내가 검찰에 무슨 말을 하는지가 궁금했을 터였다. 나는 안내데스크 직원에게 전화를 바꿔 달라고 해서 전 변호사와 통화했다.

"변호사님, 조금 있으면 제가 나갑니다. 나가서 뵙든지 하죠."

엿새 뒤면 구속 기간 만료였다. 만나야 할 이유가 있다면 밖에서 편하게 만나면 되는 일이었다. 변호사든 그 누구든.

그날, 조사를 받고 구치소로 돌아갔는데 민주당에서 난리가 났다. "검찰과 유동규가 짰다. 그렇지 않으면 유동규가 나가는 걸 어떻게 알고 있냐?"라며 억지를 썼다. 기가 찰 노릇이었다. 나의 구속 만기 날짜는 삼척동자도 알고 있는 일이었다. 그게 난리 칠 일인가? 그럼 전 변호는 내가 다시 또 구속돼 감옥에서 죽을 때까지 있길 바랐나. 그게 아니고서야 그게 어디 생난리 칠 일인가.

전 변호사 말대로 나의 구속 만기 날짜를 전 국민이 단 한 명도 모르고 있었다고 치자. 단 한 명도 모르는 날짜를 선임된 변호사에게만 내가 말을 한 거라면 변호사로서 의뢰인의 말을 민주당에 냉큼 전달하는 건 무슨 수작인가. 당신이 감시용 혹은 가짜 변호사가 아니고서야.

사실을 털어놓는다는 건 결코 쉬운 일은 아니다. 신앙심 깊은 사람도 사제 앞에서 고백성사를 보는 일이 쉬운 일은 아니라고 했다. 하물며 일반 대중에게 내 죄를 고백하고, 법정에서 내 죄를 고백하는 일은 더욱 어렵고 힘든 일이다. 나만 관련된 게 아니지 않나. 상대가 있어서 나의 고백으로 밝혀진 사실에 대해 상대는 또 얼마나 많은 스펙트럼의 술수를 자행하겠나. 빠져나가기 위해. 어쩌면 나의 고백은 달걀로 바위 치는 일일 수도 있다. 그렇지만 내가 사실을 사실대로 말해야겠다고 마음먹은 이상, 나는 나대로 또 지켜야 할 게 있다. 어리석게도 죽음으로 모두를 지켜야겠다고 생각했을 때와 마찬가지로 내겐 살아서 꼭 지킬 게 있다. 가족, 그리고 내 진심을 믿어 주는 소중한 분들과 내 이야기를 들어 주는 분들의 열정.

세상 어느 죽음이든 안타깝지 않은 건 없다. 그중 내가 가장 아프고 안타깝게 여기는 죽음은 김문기 처장의 죽음이었다. "억울하다"라는 그의 마지막 말을 아마 사는 내내 떨쳐내지 못할 거 같다. 그 말 때문에라도 그래서 나는 더욱 살아야 할 이유가 생겼다. 언젠가 그의 미망인과 통화했을 때 들었던 말은 충격이었다. 그때 난 그가 그런 선택을 할 수밖에 없었던 이유를 깨달았다. 많은 분들이 추측하고 있는 것과 크게 다르지 않겠지만, 그가 그런 극단적 선택을 했던 것은 옆에 붙었던 변호사와 김만배의 심복 이성문 때문이 아니었을까. 그가 극단적 선택을 하기 직전, 마지막으로 만났던 인물이 이성문이었다.

피의자도 아닌 '참고인'이었던 김 처장에게 다가간 변호사 역시 이재명 캠프에서 있던 변호사였다. 변호사는 압박했다. "모든 책임은 실무진이 질 수밖에 없고, 가족도 다친다"라고. 김 처장이 검찰에서 진술했던 내용은 그 즉시 내 가짜 변호사에게 전달됐다. 자신의 목숨보다 가족을 사랑했던 김 처장은 그 가족을 지키기 위해 "억울하다"라는 비명을 남겼다. 그는 알고 있었다. 이재명은 자신의 말대로 하지 않는 이들에게 얼마나 잔혹한지를. 성격상 이재명에게 동조할 수 없어 버티는 동안 본인은 물론 고통을 겪게 될 가족을 지켜볼 자신이 없었을 거였다. 극단의 선택으로 가족을 지키려 했다.

김문기 처장은 죄지은 게 없다. 그 모든 것은 이재명 캠프의 변호사들이 입에 달고 사는 '위'에서 내려온, 지침에 따라 공무원으로서 품격을 지키며 일했을 뿐이다.

그래서 난 이제부터 내 소중한 이들에게 '가족'을 볼모로 모든 것을 앗아간 그 일당들을 향해 '사실'을 오케스트라 연주처럼 말할 예정이다.

강속구보단
변화구가 필요할 때

2022년 10월 18일, 구속 만기 석방 이틀 전, 김민수 변호사가 접견을 왔다. 보통의 상식으론 이해 불가 캐릭터다. 나중에 보니까 그는 나를 접견하기 전에 김의겸 민주당 의원과 7분 넘게 통화했다. 그날 국회 국정감사에서 김의겸은 송경호 서울중앙지검장을 상대로 수사 상황을 묘사하며 나에 대한 '회유와 협박'이 있었던 것처럼 의혹을 제기했었다.

난 지금도 이해할 수가 없다. 내가 구속되기 전, 정진상과 김용은 내 귀가 닳도록 "서울중앙지검과 다 얘기가 돼 있다"라고 말했다. 당신들이 그렇게 얘기를 다 해놨다는 서울중앙지검에서 왜 나를 회유하고 협박하겠는가. 검찰의 회유와 협박이 아니라 당신들은 바뀐 수사팀에서 수사받는 내가 당신들의 손아귀에 놀아나지 않을까 봐 감시자를 붙인 것뿐이다. 약자의 자존심은 모래알처럼 술술 샌다. 약자인 내게 감시자를 붙이고, 가족을 압박하면 나는 술술 새는 자존심을 무기로 쓸 수밖에 없다. 술술 새는 자존심. 그것은 내게 있어 진실이고 사실이다. 당신들이 그토록 감추고 싶었던 내 자존심은 차고 넘친다. 먼저 강속구가 아닌 변화구 하나 날렸다.

범죄 혐의를 받는 사람이 사실대로 말한다는 건 자신에게도 불리한 진술일 수밖에 없다. 처벌받을 각오를 하지 않으면 할 수 없다. 나는 구치소 안에서 몸통인 이재명도 살리고, 다른 사람도 살리고, 나도 사는 방법을 찾으며 나름대로 논리를 만들고자 했다. 그들은 아니었다. 무조건 나 하나를 마녀로 몰아 끝장내려는 것에만 혈안이었다. 내가 뭔가를 던졌을 때 그들의 반응에서 확신했다. '우리' 속에 내가 포함됐다면 내가 던진 질문을 해결하기 위해 내게 뭔가를 물었어야 했다. 그들은 묻지 않고 반응하지 않은 채 나를 향해 일방적으로 융단폭격만 가했다.

나는 수사 검사에게 하얀 백지 한 장을 부탁해 받아서 그 위에 적기 시작했다.

'남욱에게 돈을 받아서 김용에게 (이재명) 경선 자금을 줬다.'

2022년 10월 19일, 나는 '김용'이 구속되는 뉴스를 보며 2022년 10월 20일 0시에 의왕구치소를 뒤로했다. 바람 불고 낙엽 지고, 비 내리고 눈 내리다 꽃이 피고 지는 사계절의 끝이었다.

무식한, 너무나 무식한 논리

김용이 이재명과 거리를 두면서 이상한 진술을 하기 시작했다. 그러니까 김용이 발을 빼며 "나는 이재명 측근도, 정진상과 의형제도 아니다"라고 얘기했다. 여기서 내가 지적하고 싶은 건 유동규가 김용을 이재명 측근이라고 말했다는 점이다. 그런데 이재명 자신은 "유동규는 측근이 아니야. 김용이나 정진상쯤은 되어야 측근이지"라고 말했다. 그걸 두고 김용이 선을 그었다.

김용이 이재명 측근이라고? 유동규도 이재명도 그렇게 얘기하나 본데 나는 아니라고 생각한다. 그는 그냥 정치하다 만난 참모에 지나지 않는다. 또 유동규는 정진상과 김용 그리고 자신이 의형제를 맺었다고 한다. 그는 그렇게 생각할지 모르지만 김용은 그저 일하다 만난 사람일 뿐 최측근도 아니고 의형제도 아니라고 말한다. 다시 말해 자신은 이재명의 측근이 아니라 참모이고, 정진상과도 일하다 죽이 맞은 정도일 뿐 의형제가 아니라는 거였다.

공직선거법 위반의 경우 김문기 처장을 아느냐 마느냐가 중요한데 지금 김용의 진술에 따르면 그들은 서로가 데면데면한 관계다. 이재명과 자신의 관계도, 자신과 정진상도, 자신과 유동규도, 자신과 김문기도, 김문기와 이재명도 데면데면한 관계라며 이재명과 정진상을 손절했다. 한

마디로 '우리 안 친해요'라는 거다. 이것은 일종의 선거 전략이다.

일단 김용은 측근들을 통해 알리바이를 조작하다가 걸렸다. 그 내용은 이렇다.

유동규가 특정 장소에서 김용에게 뇌물을 전달했다는 그 시간, 다른 장소에서 김용을 만나고 있었다는 사람을 등장시켰다. 그가 전 경기도시장상권진흥원장 이홍우다. 그는 김용의 측근들에게 위증교사를 받고 법정에서 '김용과 약속이 있어서 수원 컨벤션센터에서 만났다'라며 그 증거로 조작한 휴대전화 일정표 사진을 제시했다. 그러자 판사가 그에게 '캡처 사진이 아닌 휴대전화 원본을 가져와서 스케줄러 로그 파일을 보여달라'고 했다.

이홍우는 원본을 검사에게 갖다 주겠다고 하고는 끝내 제출하지 않았다. 왜? 그런 원본 따위 없었으니까. 원본을 잃어버렸다고 했다. 뇌물죄 재판이 밀리고 밀리면서 김용이 뇌물을 받은 날에 그 자리에 없었다는 알리바이를 만들다가 판사한테 딱 걸렸다. 말하자면 유동규가 돈을 건넸다는 특정한 곳에 김용이 없었어야 유동규의 말이 거짓말이 되는 거였다. 잔머리 굴려서 다른 사진을 제출했다가 원본 파일을 확인하겠다는 판사의 말에 놀라 자빠졌다.

여기에다 공직선거법 위반에서는 서로서로 잘 모르는 사이라고 한 것이다. 서로 친하지 않다는 의미다. 친하거나 친하지 않다는 것은 다른 사람이 알 수 있는 영역이 아니다. 그럼 '모른다'와 '안다'는 어떨까? 이건 주관적 판단 영역이 아니다. '이재명이 김문기를 알까, 모를까?'라는 질문에 김용은 친하거나 친하지 않다는 주관적 판단 영역으로 재판을 몰아갔다.

재판의 논점을 흐리고 있는 셈이다.

선거법 위반과 관련해 이재명은 김문기를 모른다고 했다. 김문기를 모른다는 게 왜 문제일까? 대장동 수사가 시작되면서 김문기 처장이 자살하는 바람에 큰 쟁점이 되었다. 그 커다란 쟁점이 선거에 영향을 주지 않기 위해 김문기를 몰랐다고 말한 거라서 선거법 위반이다. 그러니까 영향을 줄까 봐 거짓말을 했다는 얘기다. 거짓말했는지 하지 않았는지가 주요 쟁점인데 친한지 친하지 않은지로 몰아가는 꼴이다.

이재명은 김문기를 두고 자신이 아는지 모르는지 알 만큼 친한 사람은 아니라고 얘기하고 있다. 이것도 재판 대책이라고 머리를 굴리고 있으니.

죽어야 사는 남자

4장

말할 수 없는 비밀

그때 눈이 몹시 내렸다.
눈은 하늘 높은 곳에서 지상으로 곤두박질쳤다.
그러나 지상은 눈을 받아주지 않았다.
대지 위에 닿을 듯하던 눈발은 바람의 세찬 거부
에 떠밀려 다시 공중으로 날아갔다.
하늘과 지상 어느 곳에서도 눈은 받아들여지지
않았다.

_ 기형도 詩作 메모(1988.11.)

측근의 조건

　　　　　　　　일본 국민작가 시바 료타로가 쓴
소설 《타올라라 검》에는 19세기 일본 시골의 오랜 풍속을 엿볼 수
있는 대목이 등장한다. 1년 중 정해진 날이 되면 젊은 남녀들이
어둠의 축제를 즐긴다. 칠흑의 밤을 틈타 사원으로 모여든 이들은
일제히 등불이 꺼지고 암흑천지가 되면 상대가 누군지 가리지 않
고 뒤엉킨다. 일본의 독특한 문화 중의 하나다. 그렇지만 허용된
범위가 칠흑의 찰나뿐이고, 1년 중 딱 그날뿐이다.

　이재명 밑에서 일하는 동안 나는 정진상, 김용과 함께 퇴근 후
술자리를 자주 가졌다. 2남 5녀 7남매 중 막내라 그런지 나는 함
께 일하는 형들과 친하게 지내는 게 일단은 좋았다. 목표도 같지
않나. 그들 술자리 뒤치다꺼리는 막내인 내 몫이었다.
　목사 되는 게 꿈이었다던 김용은 대학 다닐 때 전두환 체포조
로 활동했다. '쥐박이, 쥐박이'를 입에 달고 살았다. 그런 김용과도
나는 잘 지냈다. 한번 마음을 주면 쉽사리 회수하지 못한다 나는.

　법 없이도 살 사람
　정진상, 김용 정도는 돼야 측근이지.

　대장동 사건이 터진 후에 나를 측근이 아니라고 부정하기 위해

했던 이재명의 발언을 뒷받침해 줄, '이 정도는 돼야 이재명의 측근'이란 걸 설명하고자 함이다.

성질이 괴팍한 김용은 알코올이 들어가면 더 난폭하다. 어느 날 그가 야탑의 한 노래방을 공포의 도가니로 몰아넣었다. 데리러 오라고 해서 갔더니 난장판이었다. 함께 술을 먹던 동료직원 하나가 화가 나서 그 자리를 뜨자 그가 난동을 부리기 시작했다고 한다. "이 새끼 죽여버리겠다"라며 거기에 있던 병이며 집기 등을 모조리 깨부쉈다. 내가 노래방에 도착했을 때 사람들 모두는 근처에 접근도 못하고 공포에 질려 있었다. 그걸 보자 욱, 하는 마음이 들었다. 그런 내게 김용은 고래고래 소리 지르며 "그 새끼 데려와, 내가 죽여버릴 거야"라며 횡설수설이었다. 나는 "가만있어 형!" 그러면서 주인에게 다가가 "다 물어주겠다, 죄송하다"라고 사과했다. 주인은 내게 '술값만 달라'며 청소는 알아서 하겠다고 했다. 나는 고맙기도 하고 창피하기도 해서 서둘러 그 자리를 벗어났다. 김용의 목덜미를 잡아 차에 태운 나는 대리를 불러 혼자만 보내려다 집까지 데려다줬다. 이런 꼴을 내가 한두 번 겪었을까.

정진상은 또 어떤가. 단골로 다니던 술집에서 대형 사고를 터뜨렸다. 하루는 술집 매니저가 큰일 났다고 해서 달려갔더니 정진상이 지퍼를 내리고 남자의 '물건'을 꺼내 사진을 찍었다. 정진상이 좋아하는 여자가 있었는데 배신하지 않겠다며 그 판을 벌였다.

그 여자가 직접 찍었다는 사진이 수십 장이었다. 이미 여기저기 퍼진 사진도 상당했다. 미치지 않고서야 그 짓을 어찌할 수 있을까. 나는 퍼진 그 사진을 삭제하고 무마하는데 꽤 많은 돈을 썼다.

이재명에게 묻는다. 이 정도는 돼야 법 없이도 살고, 측근인 건가?

'서푼짜리 오페라'
주인공처럼

사람을 놀리고, 우롱하고, 비난하고, 쌍욕 하고, 잡아떼고, 우기고, 뒤집어씌우는 데도 토너먼트를 거쳐 결승전에 올라가는 그랑프리 대회가 있다면 단연 그를 이길 자는 없다. 대체 어떤 삶을 살아야 그런 게 가능한가. 종종 나는 지인들에게 말하곤 했다. "그가 무섭다"라고. 그는 뭐가 하나만 안 돌아가도 측근들을 쥐잡듯했다. 허구한 날 깨졌다. 선거 때만 되면 모 여배우의 이름이 오르내려서 한번은 내가 그에게 물었다.

"그 배우, 사실이에요? 뭘 알아야 대책을 세우죠."

"집에 데려다준 거 있지."

"그게 다예요?"

"응."

나는 더는 묻지 않고 시장실을 나왔다. 그러자 열 받은 이재명이 눈 뒤집혀 난리 쳤다고 한다. 그 정도로 기본적인 마인드컨트

롤이 안 됐다. 내 앞에선 차마 하지 못하고 있다가 정진상과 백종선이 있는 데서 난리를 쳤다고 한다. "아니, 동규는 왜 그런 소리를 해서 이 난리냐"라며 백종선이 말했다고 조명현이 귀띔했다. 그럴 때면 종작없다. 정진상조차도 아무 소리를 못 한다. "그 주둥이를 누가 막노!"라며 푸념하는 게 고작이다.

전형적인 소시오패스다. 이재명의 그 기질을 받아줄 수 있는 건 정진상밖에 없다. 그런 면에서 둘은 다른 듯 닮았다. 사람을 어떻게 이용하는 거까지는 하지만, 정리하는 데는 서툴다. 정리할 때는 함께할 때보다 더 큰 노력이 필요한데 그 절차를 생략한다. 공들여 정리하는 길을 택하기 보단 도마 위에 올려놓고 난도질을 해댄다. 본인만 하는 게 아니라, 그 직위를 이용해 직원들을 대거 동원한다.

친형인 이재선 회계사를 정리하는 과정을 보라. 그게 사람으로서 할 수 있는 일인지. 이재명은 내게도 이재선 회계사를 고소할 것을 부추기고 종용했다. 고소의 요건이 되지 않아도 재촉했다. 백종선 역시 이재선 회계사에게 그런 험악한 말을 한 것도 이재명이 시켜서 한 일이다. 물론 시킨다고 그걸 한 사람도 잘못이지만 그 정도로 이재명은 자신에 대한 요만큼의 토를 달면 참지를 못했다. 그를 그렇게 괴물로 키운 사람 중의 한 사람으로서 부끄럽다.

변방의 작은 도시 시장으로 시작해 거대 야당의 당 대표가 되고, 대장동 개발 사업으로 많은 돈을 챙기면서 그의 사람을 향한 기고만장은 끝이 없다. 사람에 대한 예의는 물론 윤리의식조차 없다. 오로지 자기 하나밖에 모른다. 그를 보면서 우리의 삶이, 그의 삶이 막다른 골목에서 많이 헤맬 거 같은 예감을 떨쳐낼 수가 없다. 비극이다. '서푼짜리 오페라' 주인공처럼.

'아리' 혹은 '지니'의 과학

김용은 이재명과 같은 시기에 성남시 의원을 두 번 했다. 이재명이 경기도지사가 됐을 때는 경기도 대변인을 하다 퇴직하고, 경기도 산하 '재단법인 경기도 경제과학진흥원' 이사로 4개월 근무했다. 그러다 2020년 4월 총선에 이재명이 떨어졌던 분당 갑 예비후보로 등록했다가 경선에서 떨어졌다. 오갈 데가 없었다. 이도 저도 못 하고 있을 때 이재명이 걱정스레 말했다.

"용이가…… 하, 용이가 갈 곳이 없네. 붕 떴어."

"용이 형, 잘 챙겨주셔야 해요. 신경 좀 써주세요."

나는 진심으로 그를 걱정했다. 사실 이재명은 김용보다 항상 나를 더 챙겼었다. 김용과 함께 성남시에 들어왔던 이들 중에 2020년 4월 총선에 김용 외에 출마자가 몇 명 더 있었다. 이재명은 경기도 공관으로 그들을 초대한 자리에 나도 불렀다. 이재명이 나를 가리키며 말했다.

"이 중에서 진짜 정치할 사람은 유 사장인데. 어디 유동규 보낼 때 없나?"

그 말에 참석했던 출마자들이 머쓱해졌다.

이재명은 김용의 자리를 마련하기 위해 경기도에 없던 자리를 만들었다. 2020년 11월 17일부터 2021년 7월 8일까지 경기도가 최대주주로 있는, 경기도 내 제조기업이 생산한 제품의 마케팅과 판매 지원을 목적으로 설립한 '코리아 경기도 주식회사'의 상임 이사 자리였다. 지방공기업법에 보면 직원이 50명이면 임원이 1 명, 100명이면 임원이 2명으로 규정돼 있다. 그런데 경기도 산하 기관 중에 유일하게 그 법에 적용되지 않는 곳이 '코리아 경기도 주식회사'였다. 임원급인 '상임이사'라는 없던 자리를 만들어 김 용을 앉혔다. 월급이 1억 원이 넘는다. 차도 주고 판공비도 지급 했다. 김용은 그 자리에 앉아 오직 이재명 대선 준비만 했다. 돈은 나라에서 받고, 일은 이재명 개인 일을 했다. 위장 취업이고 국고 손실이다. 김용뿐만 아니라 다른 기관에도 김용과 같은 위장 취업 자가 많았다.

2020년부터 오로지 선거 준비만 했다. 고발해야 한다. 서류에 만 이름을 올리고 이재명 대선 캠프에 들어간 위장 취업자들 모 두를 찾아 수사해야 한다. 김동연을 도지사에 당선되게 하려고 이재명 측 사람들이 대거 합류해 도왔다. 김동연이 당선되지 않는다면 이재명의 치부가 다 드러날 상황이었다.

다행히 김용이 경기도 산하 재단에 입성한 과정과 경기도 산하 재단으로 들어가서 이재명의 대선 캠프를 꾸린 사실이 그의 압수수색 과정에서 드러났다. 경기도에서 급여를 받으며 이재명 개인의 선거 캠프 일을 했다는 것은 엄청난 국고 손실이다. 얼마나 많은 사람이 경기도에 적을 두고 이재명 선거 캠프에 합류했는지 수사가 절실하다.

정치 연출가의 꿈

구속되기 전까지 나는 정진상과 잘 지냈다. 그러다가 기상이변처럼 이상을 감지한 것은 2020년 7월 무렵, 내가 이재명 조직을 나가겠다고 하면서부터였다. 이재명이 부담스러워하던 선거법 재판이 무죄를 받으며 마무리된 때였다. 김만배가 발톱을 드러내고 정진상에게 나를 헐뜯으며 이간질을 해댔다.

"저 새끼가 창고지기[14]를 남욱한테 옮기게 해서 그걸 지가 다 먹으려 해. 이 돈이 지 돈인 줄 생각하는 거 같아.

14 대장동 사업 이익금 중 이재명 측 몫의 보관을 김만배가 하고 있다. 일명 '저수지'.

남욱에게 옮겨 놓으면 분명 지가 다 가지려 들걸!"

정진상은 처음엔 정영학이 만든 녹취록으로 인해 위험한 일이
생길 거라 여기지 않은 듯했다. 녹취록을 그런 식으로 터뜨리는
거에 동참한 것을 보면 말이다. 어떤 쪽으로든 대장동 건은 수습
해야 했으니 정진상으로선 김만배 말을 듣지 않을 수 없었을 것
이다.

그렇다면 최재경 말대로 2021년 3~4월에 녹취록이 터졌어야
했는데 왜 9월에 터졌을까. 짐작건대 이낙연 측에서도 3~4월에
는 녹취록의 존재를 몰랐을 거였다. 이낙연 캠프 측 남평호 실장
이 대장동 녹취록을 넘겨받은 건 그해 7월 초라고 했다. 그런데
최재경은 왜 3~4월쯤에 이낙연 캠프에서 뭔가를 준비하고 있다
고 했을까? 이 대목에서 나는 대장동 녹취록 건이 최재경과 김만
배의 작품이라 보는 거였다.

이낙연 측은 녹취록을 받고서도 끝내 터뜨리지 않았다. 이재명
을 공격하기 어려웠을 것이다. 일단 구조가 복잡한 데다 녹취록
짜깁기 목적이 이재명을 공격하기 위해 만들어진 거로 판단하기
모호해서였다. 그러니 녹취록만으로는 대장동 사건의 실체를 파
악하기 어려웠을 거라 짐작된다. 내가 구속되고 사건이 기사로 나
오고서야 비로소 녹취록의 내용을 이해했을 거로 판단된다.

대출 브로커의 수상한 인터뷰
'윤석열과 유동규를 날려라'

2021년 9월 27일, 정영학은 자신이 만든 대장동 녹취록을 들고 직접 서울중앙지검장 이정수를 찾아갔다. 이후 녹취록이 공개되면서 녹취록에 등장하는 '그분'과 대장동 몸통을 놓고 언론과 국민들은 폭발했다. 기다렸다는 듯이 이재명은 대장동 사건을 '윤석열 게이트'로 몰고 갔다. 어지간한 사람들은 당황하거나 허둥지둥거렸을 텐데 이재명은 오히려 역공을 쏟아붓기 시작했다. 거기에 그치지 않았다. 이재명은 대선 토론 때 실눈을 부릅뜨며 당당하게 윤석열을 향해 '대장동은 윤석열 게이트'라고 말했다. 더 놀라운 사실은 여론이 이재명의 말에 무게를 실었다는 점이다.

정영학이 대장동 녹취록을 터뜨리기 직전, 김만배가 준비했던 다른 또 하나의 녹취록, 김만배와 신학림 간의 녹취록 내용이 2021년 9월 25일, 〈뉴스타파〉 전파를 탔다.

"내가 조우형[15]을 박 변호사(박영수)에게 소개해줬다. 박영수가 (조우형 사건) 진단을 하더니 나한테 '야, 그놈(조우형) 보고, 대검에서 부르면 가서 커피 한 잔 마시고 오라고 그래'(라고 했다). 그래서 나도 (조우

---

15 이재명이 대장동 개발 사업에 뛰어들기 전, 초창기 대장동 개발 사업부터 가담했던 대출 브로커.

형에게) '야, 형님 (박영수)이 그랬는데 커피 한 잔 마시고 오란다' 그러니까 진짜로 (조우형이 검찰에) 갔더니 윤석열이가 '니가 조우형이야?' 이러면서… 커피 한 잔 주면서 몇 가지 (질문) 하더니 보내주더래. 그래서 사건이 없어졌어."[16]

정영학 녹취록처럼 김만배 녹취록도 신학림과 김만배가 만났던 2021년 3월쯤에 말이 오가다가 2021년 9월 25일에 〈뉴스타파〉를 통해 이재명이 주장하는 '윤석열 게이트'를 터뜨렸고, 이후 6개월을 뭉개다 2022년 3월 6일에야 기사화했다. 결정적인 순간에 윤석열 후보에 타격을 입히려 한 것도 있지만, 정영학의 녹취록처럼 김만배 녹취록도 허점이 많아 빨리 오픈했다간 조작이란 역풍을 피해갈 수 없다고 판단했을 터였다. 감만배는 이처럼 대장동 사건에서 이재명을 은폐하기 위해 언론을 이용해 허위 사실을 유포했다.

귀국 전의 남욱은 "김만배는 유동규를 '그분'이라고 부른 적이 없다"라는 취지로 인터뷰를 했었다. 그러던 것이 돌변해 "그분은 이재명이 아니다. 이재명은 (대장동) 사업권을 오히려 빼앗아갔다"라는 허위 발언을 했다.

나와 일면식도 없던 대출 브로커 조우형에게도 마찬가지다.

---

16 「김만배 음성 파일 "박영수 통해 윤석열 '대장동 대출' 수사 무마했다"」,《경향신문》, 2022년 3월 6일.

"이 사건은 게이트가 되면 안 된다. 유동규의 뇌물 사건으로 정리해야 한다"라며 허위 인터뷰를 종용했다. 실제로 조우형은 "그분은 유동규다. 100%다. 이건 유동규의 개인 일탈일 가능성이 크다고 본다"라는 인터뷰로 여론을 호도하는 일을 마다하지 않았다. 끔찍한 인간이다.

김만배가 당시 왜 그런 그림을 그렸겠나. 자기 시나리오대로 이재명을 대통령으로 만들려 했고, 그러기 위해 수단과 방법을 가리지 않았다. 상식적인 사람이라면 그런 것을 만들 이유가 없다. 이재명과 김만배는 대장동 사업을 하면서 엄청난 수익을 눈앞에 두고 한통속이었다.

모든 뒷수습은 최재경이 했다. 그러니 이재명에게 있어 최재경은 어떤 존재겠나. 이재명이 대통령 되면 법조계 인사를 그가 쥐지 않았겠나. 최재경에 대한 이재명의 신뢰는 극에 달했다. 그 바람에 그즈음 터져 세상을 시끄럽게 하던 문재인 정권의 '태양광 사업 비리'와 '라임 옵티머스 사건'이 다 묻혀 버렸다. 아예 수사팀을 해체했다. 이재명이 삭제한 거나 진배없다. 이재명 수사를 맡았던 1기 수사팀이 프레임을 잘못 짜는 바람에 시간을 끌면서 이재명을 향한 수사와 문재인 정권의 비리 사건 수사 칼끝은 무뎌졌다.

이재명 관련 수사는 문재인 정권의 이정수 검사가 지휘했다.

검찰총장이나 법무부 장관이 목표였을 이정수로서는 유력 대선 후보였던 이재명 사건의 부담감을 정진상과 만나 협의했다. 물론 정진상과 이정수 만남의 주선자는 김만배였다.

대장동과 그 남자의 남자들

　　　　　　　　　　　대장동 개발 사업과 관련해 남욱에게 김만배를 소개해 준 이는 '특검'이라 불리는 박영수였다. 그를 특검으로 추천했던 사람은 전 민정수석 최재경이다. 곽상도 역시 김만배와 오랜 친분으로 민정수석일 때는 청와대 관련 정보를 김만배에게 전달하기도 했다.

　김만배는 대장동 개발 사업에 참여하면서 자신과 이재명을 방패막이해 줄 사람들과 친분을 과시했다. 곽상도의 아들과 박영수 딸이 대장동 관련 회사에 근무했던 것은 다만 우연이 아니다. 특히 박영수 딸은 화천대유의 모 전무와 불륜을 저지르며 한바탕 소란을 피우기도 했었다. 까맣게 모르고 있던 김만배가 그 사실을 알고는 난리를 쳤다. 곽상도의 아들 역시 그에게 건네진 거액들의 정체가 상식을 벗어났다. 그런데도 그들이 만들어 내는 논리는 법이 아닌, 힘으로 정리되고 있다.

　곽상도와 김만배의 식사 자리 에피소드를 하나 들여다보자.

　지방 선거 준비로 한창이던 어느 날 김만배는 곽상도와 저녁을 같이했다. 그 자리에 남욱도 참석했는데 김만배가 밥상을 엎어버린 일이 있다며 그날의 일을 전했다. 먼저 입을 뗀 건 곽상도였다.

곽상도　돈을 줘야 할 거 아냐.

김만배　형, 조금만 기다려 봐.

김만배의 말에 곽상도는 물러서지 않았다.

곽상도　필요해. 빨리 만들어 줘.

김만배　형, 이만저만 해서 좀 더 있어야 해. 들통나면 안 되잖아.

곽상도　큰일? 야, 업자들은 그런 거 갖고 감옥도 갔다 오고 그러는 거 아냐?

곽상도의 말이 떨어지기 무섭게 김만배는 자리에서 벌떡 일어나 일그러진 표정으로 밥상을 엎어버렸다.

김만배　형이면 다야? 형이 돼 가지고 그걸 말이라고 하냐고!

짧은 에피소드를 소개한 것은 현재 김만배 관련, 등장하고 있는 인물들 대부분이 대장동 사업과 무관하지 않다는 얘기를 하고 싶어서다. 박영수가 구속되고, 곽상도가 구속됐다 풀려난 것이 나처럼 힘이 없어 억울한 누명을 쓴 게 아니란 얘기다. 문재인 정권 내내 이재명은 위태위태했다. 그때마다 문재인을 향해 시퍼런 칼날을 들이대며 문재인과 투쟁했던 이가 곽상도였다.

2017년 탄핵 정국에서 기회는 이때라면서 박 대통령 탄핵 집회에 누구보다 열심이었던 이재명이었다. 선봉에서 난리를 치면서 지지율이 크게 올라갔다. 이재명의 대선 경선 후보 지지율이 20%에 육박했다. 문재인은 그제야 어이쿠 싶었는지 뒤늦게 나섰다. 처음엔 나서지 않았다.

당시 '반문 연대'를 만들자고 했다. 안희정은 이재명 쪽이 먼저 요구했다고 하고, 이재명 쪽은 안희정 쪽에서 먼저 요구했다고 하는데 어쨌든 박원순과 안철수까지 포함해 4명이 경선할 분위기가 무르익었다. 경선으로 대선 후보를 내면 문재인과 경쟁해 충분히 이길 거라 예상했다. 문재인 쪽은 기껏해야 고양시장이었던 사람과 경선을 앞두고 있었다. 그 무렵 나는 반문 연대를 기웃거리는 정진상에게 말했다.

"만약 그거 하다가 저쪽에서 비틀면 우리가 무슨 힘이 있어? 안희정이 된다고 쳐. 그를 밀게 되면 우리는 안희정 밑으로 들어가야 해. 물론 안희정이 되면 우리로선 싸울만하지만, 거꾸로 우리가 됐을 때 안희정이 못하겠다고 빠져나가면 곤란하지 않겠어? 오히려 안희정이 문재인과 합쳐버리면 우리는 병신 되는 거야. 왜

그걸 하려고 하냐? 우린 그냥 정도로 가자. 코가 깨져도 문재인과
붙는 거로 가자."

내가 그 일을 윤건영을 만나서 "우리는 반문 연대에 들어가지
않는다. 이재명은 문재인과 간다"라고 전달하는 바람에 이재명이
문재인과 경선을 했다. 그러니까 다른 사람도 어쩔 수 없이 문재
인과 경선했다가 보기 좋게 경선에서 문재인에게 패배했다.

내가 문재인 쪽에다 그랬다.

"문재인 후보가 오래전부터 준비했기 때문에 청와대 사정도 더
잘 알지 않냐. 정권 안정화에 도움이 되지 않겠나. 우리도 앞으로
커야 하니까 많이 도와 달라. 경선할 때는 우리도 나름대로 최선
을 다하겠다."

조율된 이 내용을 내가 이재명과 정진상에게 어떻게 전했냐면
"절대 문재인을 비방하지 마라. 내적인 거는 건드리지 마라. 나,
이재명은 이런 사람이다. 내 꿈은 무엇이고, 앞으로 이러이러한
정치를 하겠다는 것만 얘기하라"라고 신신당부했다. 그러마고 했
던 이재명이 막상 마이크를 잡으니까, 문준용 이야기에서부터 온
갖 비방을 해댔다. 새누리당에서 이야기할 것을 이재명이 전부 해
버린 거였다. 대깨문들이 난리났다.

기껏 협상까지 해서 조율을 해놨더니 이재명이 그놈의 입방정
으로 그르치고 말았다. 화가 나서 내가 정진상에게 투덜댔더니
"그 주둥이를 누가 막노!"라고 했다. 그러면서 한마디를 덧붙여

다. "야, 너를 적으로 만나지 않은 게 얼마나 다행이냐"라고 했는데 막상 이재명이 대통령 후보까지 되니까 보이는 게 없는 듯했다. "니 까짓 것 하나쯤이야" 이런 생각에 김만배와 붙어먹었다.

이후 문재인은 정권 내내 이재명의 숨통을 조여왔다. 그 문재인을 상대로 이재명을 대신해 싸웠던 이가 곽상도였다.

아닌 척, 모르는 척하는 도덕적 해이

감사원은 국방부 산하 '한국국방연구원KIDA(카이다)이 이재명의 대선 공약 개발과 관련해 어떤 일을 했다'라는 감사 결과를 발표했다. 국가기관 연구원이 특정 후보의 공약을 개발하는 것은 엄연한 불법이다. 나랏돈을 받으며 이재명 캠프를 위해 일한셈이니 말이다. 〈연합뉴스〉의 2024년 1월 31일 기사 헤드라인을 보면 이렇다.

> 감사원, "국방부 산하 국방연구원, 이재명 대선 공약 불법 지원"

사실 카이다와 관련된 내 이야기 중 KF-21 발족은 정부에서 발표하거나 의견을 내놓은 게 아니다. 다만 카이다가 이재명 측 사람들이어서 내가 그렇게 말한 것뿐이다. KF-21 발족은 윤석열 정부의 작품이라는 논란이 일기도 했는데 실은 그렇게만 볼 일이 아니다.

내용을 들여다보자. 감사원은 김윤태 원장을 비롯한 국방연구원들이 특정 후보 선거 공약 개발 활동에 참여해 공직선거법을 위반했다며 김 원장을 해임하라고 국방부에 요청했다. 국방 관련 인사들이 주축인 텔레그램 방도 있었는데 그 이름이 '북한산등산모임'이었다고 한다. 그러니까 북한산등산모임이라는 텔레그램 방에서 이재명 후보의 공약을 개발한 것이다. 내가 볼 땐 그 내부에서 밀고한 사람이 있는 듯하다. 텔레그램 방 내용을 캡처해 밖으로 빼낸 사람이 있다는 얘기다.

감사원 감사에 따르면 2021년 3월 세종연구소 부소장 A 씨가 김윤태 원장으로부터 선거 공약 개발을 요청받았다고 한다. A 씨의 직책이 이재명 캠프 국방정책위원회 부위원장이라고 나와 있기에 찾아 보니 김정섭이었다. 물론 A 씨가 정확히 이분인지는 잘 모르겠다. 다만 이재명 캠프에서 그 직책을 맡은 사람을 검색하니 김정섭으로 나왔을 뿐이다.

또 하나 짚어야 할 것은 북한산등산모임 참여자인 연구위원 B, 책임연구원 C, 센터장 D, 국방대 교수 E 등 나라의 녹을 먹는 사람들이 이재명 캠프 정책 개발에 힘을 쏟았다는 점이다. 이미 보도된 바가 있다. 나아가 국방연구원의 국가 기밀을 이재명 캠프에 유출해 공약 수립을 지원한 정황도 있다. 단순히 공약 개발을 지원한 게 아니라 국가 기밀을 이재명 캠프로 유출했다.

이건 범죄다. 이와 관련해 〈월간조선〉이 김윤태 국방연구원장을 심도 있게 다루었다. 〈월간조선〉이 2023년 10월 20일, 집중적으로 보도한 반론보도문의 헤드라인은 이렇다.

[단독] 국방부 산하 한국국방연구원, 이재명 대선 캠프에 원장·센터장 관여 의혹

여기서 다시 살펴봐야 할 내용은 바로 '대미 자주파'다. 대미 자주파란 미국을 상대로 '자주 외교'를 해야 한다고 주장하는 계보인데 그 핵심 인물이 이종석과 서주석이다. 김윤태 역시 그 라인이다. 그러니까 대미 자

주파 김윤태가 이재명 선거 캠프를 위해 선거 공약을 개발하고 국방연구원 기밀 자료까지 빼 준 정황이 나왔다는 얘기다. 그 내막을 〈월간조선〉이 사전에 포착해 의혹을 보도했는데 감사원 조사 결과 대부분 사실로 드러났다.

당시 김윤태 원장은 자신을 음해한다며 〈월간조선〉을 상대로 한바탕 요란한 싸움을 벌였다. 그때 〈월간조선〉이 참지 않고 김윤태의 사적인 것까지 몽땅 뒤졌다. 김 원장이 명절 휴가 중에 관용차로 인천에 갔던 이야기까지 쏟아져 나왔다. 그 보도에서 내 눈길을 사로잡은 건 따로 있었다.

관보에 따르면 김윤태 원장은 강원도 춘천시 우두동 일대의 157-18번지와 157-27번지에 농지를 소유하고 있다. 이것은 공직자 재산 공개제도에 따라 공개한 정보로 김 원장은 그 농지를 공동 소유하고 있다. 33명이 공동 소유하고 있는데 거기에 중국인이 끼어 있다. 재산 증식을 위해서든 다른 목적이 있어서든 땅을 사는 것은 하등 이상한 일이 아니다. 땅을 공동 소유할 때 중국인이 끼는 경우는 흔치 않다.

어쨌든 농지를 소유하고 있으면 농지법 위반 등을 한번 검토해볼 필요가 있다. 왜 관용차로 인천에 자주 갔는지도 의문이다. 당시 〈월간조선〉은 이 모든 의문을 촘촘히 물어 보도했고, 이후 1년 6개월 정도가 흐른 뒤 감사원 조사 결과 사실로 속속들이 드러났다.

이재명과 그의 주변인들 범죄는 끝도 없다.

5 장

누구인지 아무도
묻지 않는 당신에게

"나는 모르는 일이다.
내가 한 일이 아니다.
담당자가 한 일이다.
그 사람을 모른다."

꿈과 현실 사이의 거리

산사나이들은 서로가 긴말하지 않는다. 시야에서 벗어나 서로를 확인하지 못해도 함께 묶고 있는 자일seil 하나의 미세한 움직임만으로도 그 친구가 어떤 생각을 하며, 어떻게 움직일 것인지를 훤히 들여다본다고 한다. 그게 어디 산사나이들만의 이야기일까. 마음먹기에 따라서 가능한 게 남자들의 세계다. 말로는 어떻게 설명되지 않는, 두루뭉술하게, 남자들에겐 그런 세계가 있다. 목숨도 아깝지 않다고 여기며 마음을 줘버리는. 내 나이 마흔쯤 비로소 그런 산사나이들을 만났다.

2009년 초가을의 이야기부터 시작하자.

"동규 넌 100년에 한 명 나올까 말까 한, 그런 목소리를 가졌다. 성악해라"라던 선생님의 달콤한 말에 홀라당 넘어가 음대를 나온 것까지가 내가 가졌던 꿈의 한계였다. 재수 시절, 차비가 없어 대구에서 왜관으로 가는 통일호 끝 칸에 올라타 플랫폼이 아닌 개구멍으로 도망치는 짓을 하면서까지 음대에 진학해 성악가의 꿈을 꾸기엔 내 생활수단이 다급했다. 피아노 앞에서 100번을 울고 나서야 깨우치는 게 '호흡'이다. 나는 그 호흡과 '소리'라는 것을 '앎'에 위안 삼고 현실의 벽 앞에서 꿈 깨듯 성악가의 길을 포기했다. 혹시 모르겠다. 지금처럼 뮤지컬 시장이 대중화가 돼 있었던 때라면 어찌어찌해서라도 음악을 업으로 하며 살았을지도.

　　　　　　　　　　누구인지 아무도 묻지 않는 당신에게

안 되면 될 때까지

3년여 마케팅을 공부하며 생업 수단에 뛰어들었다가 2002년에 인터넷 웹 구축하는 회사에 들어가 프로그램의 기본부터 배우며 상품을 대중화하고 상품화하는 기획 파트 업무를 담당했다. 대동여지도를 세 번은 그렸을 만큼 대한민국 곳곳을 돌아다니며 고객의 니즈를 찾는 일에 몰두했다. 부동산 분야에 눈을 뜬 게 그때부터였다. 건축회사에 들어가 건축의 기본부터 배우기 시작했다. 호기심이 많아서 궁금하거나 알고 싶은 게 있으면 집요하게 파고드는 습성이 있다. 알 때까지 스스로를 극한으로 몰아가는 경향이 있다. 적당히 아무렇게나 하지 못한다. 그때 몸으로 보고 머리로 배웠던 일들이 부동산 관련 실무를 하는데 밑거름이 됐다.

덕분에 분당 한솔 5단지 리모델링 추진위원장이 된 거였다. 당시 입주자 대표 중의 한 사람이 추진위원장을 하려고 했었는데 부녀회에서 나를 밀어줘 추진위원장이 됐다. 당시 리모델링 사업은 활성화가 돼 있었으나 법에 막혀 있던 실정이었다. 상위법인 주택법에는 리모델링이 들어 있는데 하위법인 건축법에는 리모델링이 없었다. 리모델링을 시행하려면 하위법을 고쳐야 했다. 공무원들이 움직일 리가 없었다. 하는 수 없이 국토부를 찾아갔다. 담당자의 말이 영 심드렁했다.

"아니, 한솔 5단지 때문에 법을 어떻게 바꿔요?"

걸음을 되돌린 나는 이번에는 '분당연합회'를 결성했다. 한솔 5단지만 리모델링을 원하는 게 아니라, 분당 전체가 원한다는 것을 시위라도 하듯. 다시 국토부를 찾아갔다. 이번에도 국토부 직원의 말은 건조하기 이를 데 없었다.

"아니 분당 때문에 어떻게 법을 바꿔요?"

오기가 발동했다. 그래? 나는 그 길로 '1기 신도시 연합회'를 결성했다. 내가 회장을 맡고, 안양연합 회장이 총무를 맡았다. 또다시 국토부를 찾아가 1기 신도시 연합회가 리모델링을 원한다는 것을 피력했다.

"우리는 사실 법 바꾸기가 어렵습니다. 정치인들을 찾아가는 게 빠를 겁니다."

밀어내기식으로 아파트를 지은 지 이미 오래, 리모델링은 절실했는데 진행이 요원했다.

국토부 직원의 말은 먼먼 메아리처럼 들렸다.

"그 자식, 죽여 버릴까?"

정진상으로부터 전화가 걸려온 건 국토부를 다녀온 지 1년여가 지나서였다.

대뜸 '만나자'라고 했다. 딱히 거절할 이유도 없고 해서 그러마고 전화를 끊고 이재명의 껌딱지 정진상, 아니 이재명이 나를 만나고 싶어 하는 이유를 곰곰이 생각했다. 당시 나는 이재명이나 그의 껌딱지 정진상에게 아무런 관심이 없었다. 더구나 정진상은 나와 비교도 안 될 상대였다. 나는 당시 '한솔단지 조합장'이자 '분당연합회 회장', '분당 시민연합회 카페 운영진'으로 분당 언론을 쥐고 있기까지 했다. 내가 글 하나를 써서 카페에 올리기라도 하면 조회 수가 엄청 났다. 연예인이 부럽지 않았다. 반면 이재명은 2006년에 시장선거에서 낙선, 2008년 분당갑 국회의원 선거에서 떨어져 벌써 두 번이나 고배를 마신 중고 정치인이었다.

분당은 대구처럼 보수 성향이 강한 지역이다. 이매·서현동까지 포함돼 있었던 터라 이재명처럼 족보가 없던 정치인의 당선은 어림없는 일이었다. 그걸 알고 있던 그의 참모들은 개인의 재산 가치를 높일 수 있는 리모델링 사업을 공략으로 내세워 표심을 얻을 심산이었다. 그러다가 그 사업을 분당에서 선점하고 있던 나를 찾아냈다. 이재명 측으로선 난감한 일이었다. 공약으로 내세운들 뒷북치는 일만 되는 일이었으니. 참모인 정진상으로선 분통 터지는 일이 아닐 수 없었다. 그 사실을 이재명에게 보고하자 "그 자식, 죽여버릴까?"라고 이재명이 감정을 드러냈다고 하니 당시 이재명에게 그 공약 수립은 절실했다. 훗날 정진상이 술자리에서 그날의 비화를 전했다.

"니, 죽여버리려 했다."

이재명을 만나기도 전에 나는 이미 보이지 않게 그에 의해 죽임을 당했던 거였다. 그때는 이재명의 그 말을 담아두지 않았다. 흘려버렸다. 그렇지만 그 말이 내게 비수가 되리란 것을 깨우칠 즈음엔 이미 함께 말하고 숨 쉬던 주변인들 여럿이 싸늘한 주검이 된 뒤였다.

"나는 모르는 일이다.
내가 한 일이 아니다.
담당자가 한 일이다.
그 사람을 모른다."

사건 앞에서 이재명이 내뱉은 한결같은 부정의 말들은 단순한 부정의 '말'이 아니었다. 부정의 말과 함께 사람을, 그것도 변호사란 가면을 쓴 이들을 뽑아서 자신이 모른다고 부정했던 '그들'에게 은밀히 보냈다. 이재명의 은밀한 지시를 받은 변호사들은 '그들'을 찾아가서 처음엔 위장 전술을 펼친다. 도와주기라도 할 듯이. 그런 다음 본색을 드러내기 시작한다. 그들을 감시하며 압박을 가하기 시작한다. '실무자였던 당신들은 중형을 피하지 못한다'라며. 검사도 아니고, 판사도 아닌 변호사 입에서 터져 나온 그 말은 한평생 공무원의 명예를 걸고 살아왔던 사람들에겐 충격이자 공포였다. 자기로 인해 사랑하는 가족들에게 닥칠 고통을 차마 감당할 자신이 없었을 터였다. 극단을 선택할 수밖에 없었던 분들의 이유다. 나 또한 그랬다.

이 사실을 10여 년, 이재명을 겪고 난 후에, 사건이 터지고 나서야 비로소 깨달은 내 어리석음을 누구를 탓할까. 그러니 난, 살아남은 자의 몫으로 그들의 명예 회복을 위해 내 시간을 나눌 예정이다. 그런 후에 내가 지은 죄는 받을 거다. 내가 지은 죄 딱 그만큼을.

횟집 주인 '김인섭'
그리고 김문기

2009년 한솔단지로 이재명과 정진상이 나를 찾아왔다. 2010년 선거를 준비해야 했으니 똥줄이 탄 듯했다. 위에서 언급했듯이 당시만 해도 나는 이재명에게 관심이 없었다. 그러다 어느 날 우연히 지역신문에 실린 리모델링 관련, 눈에 띄는 칼럼 하나를 접했다. 어라? 제법 잘 쓴 내용으로 글쓴이가 민주당 부대변인 이재명이었다. 그때 이재명 이름 석 자를 알게 되었다.

이재명 일행과 자리를 옮겨 마주한 곳은 김인섭의 횟집 '나로도'. 그때 나는 문제의 김인섭을 처음으로 만났다. "위원장님", "부위원장님"하며 서로를 부르며 호들갑 떠는 것을 보면서 둘 사이가 꽤 깊은 관계란 걸 눈치챘다. 백현동 사업 부분에서 '브로커' 혹은 '허가방'이라 불리던 김인섭에 대해 자세히 다루겠지만, 어쨌든 백현동 개발 사업은 이재명이 자신의 최측근인 김인섭에게 사업을 밀어주면서 생긴 특혜 비리가 분명했다.

백현동 개발 사업은 당시 내가 속했던 '성남도시개발공사'도 참여하기로 했던 일이었다. 이재명이 마지막 단계에서 나도 모르게 성남도시개발공사를 빼버리는 바람에 이 특혜 비리에선 내가 자유로울 수 있다. 그렇지 않고 백현동 개발 사업에 성남도시개발공사가 참여했더라면 이재명은 그 또한 대장동 개발 사업처럼 내게 덤터기를 씌웠을 테니 말이다. 백현동과 대장동 부분은 8장에서 상세히 다루기로 하겠다.

김인섭과 이재명의 인연은 2005년부터였으니 내가 이재명을 만나기 훨씬 전부터 긴밀했다고 볼 수 있다. 그런 김인섭과 함께 한 자리에서 이재명은 보란 듯이 물었다.

"리모델링 사업에 관심 많습니다.

도와주고 싶네요. 구체적으로 뭘 도와주면 되죠?"

뭘 도와주면 되느냐는 그의 말이 몹시 고마웠다. 국토부 직원으로부터 리모델링을 위해선 법을 바꿔야 한다는 말을 듣고 새누리당 고흥길 의원을 찾아간 적이 있다. 그때 고흥길은 자기보다는 같은 당 임태희 의원을 만나는 게 좋을 거라 했다. 나는 그 길로 임태희 의원을 찾아갔지만, 말도 꺼내지 못한 채 문전박대를 당하고 돌아와야만 했다. 그런 차에 내게 연락해 도와주고 싶다는 이재명의 호의는 고마울 수밖에 없었다. 물론 2010년 선거를 준비해야 했던 이재명으로선 내가 진행하고 있는 사업이 절실했기에 내민 손이었다.

이유야 어찌 됐든 그때부터였다. 내가 이재명에게 호감을 느끼게 된 것은. 물론 그가 먼저 내게 손을 내민 것도 있었지만, 나로선 부동산 관련 관심과 정보를 가진 이재명이 싫지 않았다. 내가 제일 잘하는 일을 누군가 알아주는 게 좋았다.

나는 이재명에게 절실한, 분당에서의 인지도를 높이기 위한 작업으로 간담회를 했다. 간담회에는 동부건설 팀장이면서 리모델링협회 간사였던 김문기와 경기연구원장이었던 이한주 교수, 김용 그리고 내가 참석했다. 간담회는 대성공이었다. 여기서 잠시 김문기 처장에 대해 살펴보고 가겠다.

2009년 간담회 때부터 이재명은 김문기를 알고 있었다. 이후로 이재명은 리모델링협회로 종종 전화해 김문기와 통화했다. 그 사실을 김문기가 내게 귀띔했다. 나중에 이재명이 '김문기를 모른다'라고 부정하는 것을 보며 적잖이 충격받았다.

'그분'에게 가기 위한 선택 1

　　　　　　　　간담회 반응은 좋았다. 그러자 이

재명은 리모델링 사업에 자신감이 생겼는지 약속대로 내게 당시 수원갑의 김진표 의원을 소개했다. 당 정책의장이었던 조정식 의원도 소개해줬다. 조정식 의원 보좌관과 국회 대강당에서 토론회를 열기로 협의했다. 평일에 열기로 확정했다. 주말에 하면 국회의원들이 참석하지 않아서다. 나는 걱정이 앞섰다. 리모델링 사업 관련 입법을 위해서는 국회에서의 행사가 중요한데 평일 행사라니. 토론회 주제 역시 흥미로운 게 아니어서 사람들의 호응을 장담할 수 없어서였다. 고민한 끝에 사람을 동원하기로 했다. 신도시에 사는 사람들을 지역별로 배당했다. 1,000명이면 국회 대강당을 채울 테니 복도까지 채울 목적으로 2,000명을 목표로 했다.

분당연합회를 소집한 나는 단지별로 동원할 인원을 배당했다. 노인정과 부녀회를 동원해 차를 전세했다. 국회 대강당은 물론 계단까지 사람들로 빼곡했다. 참석자 모두가 놀랐다. 토론회 내용도 좋았다. 발제자로 나선 나는 리모델링 사업이 왜 필요한지에 대한 필요성을 충분히 설명했다. 행사 결과로 가장 큰 수혜를 입은 사람은 이재명이었다. 정치적으로 주목받기 시작했다.

그러자 다급해진 건 새누리당이었다. 침묵을 깨고 내게 연락을 했다. '법을 바꾸려면 여당인 우리와 이야기해야지 왜 야당과 하느냐'라며. 나는 새누리당의 입장을 무시할 수만은 없어서 이재명을 넌지시 떠보기로 하고 김용과 함께 이재명을 만났다.

"여당 쪽에서 만나자고 연락이 왔어요. 만나는 게 맞죠. 법을 바꿔야 하니."

내 말에 이재명의 반응은 명징했다.

"그러시죠."

내가 그랬듯 이재명도 나를 떠보는 듯했다. 자기가 나를 잡게 되면 오히려 내가 여당 쪽으로 갈 거로 여긴 듯했다. 나는 조용히 김용에게 의견을 묻는 눈길을 던졌다.

"총무님, 이재명이 저렇게 나오는데 우리가 새누리당으로 가는 건 도리가 아니죠?"

그날 이후 나는 내 마음의 가지를 이재명에게 뻗었다. 함께하기로 했다. 리모델링 사업 발전을 위하는 그의 관심이 좋았다. 반드시 성남시장에 당선시켜 그 사업을 잘해 나갔으면 했다. 더구나 이재명의 라이프 스토리를 듣자니 그럴듯했다. 고학으로 사법고시에 합격한 그가 아닌가.

'지나…… 나나…… 문둥이 자슥들…….'

나도 모르는 새 동병상련이 느껴졌다. 뭐가 됐든 내가 할 일이 많을 거 같았다. 그에게 내가 해 줄 게 많을 듯했다.

'같이 가보는 거지 뭐.'

여기서 잠깐, 김영진에 대해 짚고 넘어가겠다. 당시 내가 국회에서 리모델링 관련 토론회를 준비할 때 김영진 의원은 김진표 보좌관이었다. 그때 김영진을 처음 만났다. 이후 2012년에 그가 내게 보낸 인물이 문재인 집사라고 하는 박태수였다. 그는 실질적으로 문재인 라인이면서 문재인 핵심브레인 이호철 라인이기도 하다.

박태수는 노무현 정권 때 청와대 비서관을 역임했다. 청와대 경험이 있어서인지 문재인 정권 때는 청와대에 들어가지 않았다. 아무런 득이 되지 않는다는 걸 일찌감치 깨우치고 돈 버는 일에 몰두했다. 자기가 가진 권력을 돈으로 바꾸는 일을 했다. 내게 태양광 사업 이야기를 했던 것은 문재인이 집권도 하기 전이었던 2013년부터였다. 내가 성남도시개발공사를 설립할 무렵이었다. 당시 그는 성남에 민원이 하나 있어 나를 찾아왔다. 수입차 서비스센터 민원으로 내게 해결해 줄 것을 요청해 왔다. 그날 이후 둘은 가까워졌다. 자신의 거주지인 부산으로 초대해 나와 김영진이 함께 방문하기도 했다.

김영진은 2012년 국회의원에 출마했더랬다. 경기도지사였던 남경필 의원과 팔달구에서 붙었다가 낙선했다. 그때 내가 지원해 준 돈이 2000만 원이었다. 남욱에게 받은 돈 중에서 1000만 원이랑 1000만 원을 보태서 총 2000만 원을 전달했다. 2016년에도 김영진은 국회의원에 출마했다가 또 낙선했다. 내가 김영진에게 엄청 공을 들이는 것을 본 정진상이 기어이 한마디 했다.

"거, 되지도 않을 인간을 뭐할라고 도와주냐?"

아랑곳하지 않고 나는 계속해서 김영진을 지원했다. 그 결과 2020년에는 마침내 국회의원이 되었다. 김영진이 국회의원에 당선되자 이재명은 마치 자기가 도와서 당선된 것처럼 호들갑을 떨었다. 내가 지속해서 지원하고 관리한 덕분에 김영진은 문재인 쪽으로 가지 않고 이재명 쪽으로 넘어왔다.

선택 2

김용을 향한 내 마음은 특별했다. 이재명을 알기 전에 먼저 그를 만난 점도 있지만, 그가 나와 같은 동종 업에 종사했던 점도 한몫했다. 김용과 나는 한 세트라 생각했다. 정진상을 만날 때면 나는 김용을 동반했다. 그런 내게 한번은 정진상이 턱으로 김용을 가리키며 말했다.

"저 새끼는 왜 자꾸 달고 오노?"

그 말에 나는 당황하지 않고 그의 낯빛을 살피며 다독거렸다.

"사람 괜찮아요. 쓸모 있습니다."

정진상은 더는 그런 말을 꺼내지 않았다. 이후로 나와 정진상 그리고 김용 세 사람은 '우리'로 뭉뚱그려져 움직이기 시작했다.

당시 나는 또 한 번 중대한 선택을 했다. 한솔단지 추진위원장으로 시작해 분당 유일의 조합장이었던 내가 그 자리를 내려놓기로 했다. 합법적 단체였던 터라 영향력도 컸다. 한솔 5단지는

1,162세대로 규모가 큰 단지였다. 유권자가 세대당 3명이라면 총 투표수는 3,000표가 넘는다. 투표 장소도 단지 내 관리사무소여서 조합장이었던 내 영향력은 무시하지 못했다. 그 자리를 내려놓기 직전 나는 리모델링협회에 제안 하나를 했다.

"한솔단지 내에서 리모델링 설명회 한 번 더 하죠!"

한솔 5단지에서 설명회를 하면 분당 동종 업자들은 거의 다 참석한다. 나는 설명회 일정을 앞당겨 일타강사로 이재명을 초빙하기로 했다. 2010년 지방 선거를 코앞에 두고 그를 한껏 띄우려는 의도였다. 예상은 적중했다. 반응이 뜨거웠다.

그 일을 끝으로 나는 조합장 자리를 내려놓았다. 한바탕 소동이 일었다. 내게 조합장을 그만두지 말라며 조합원들이 떼거리로 몰려들었다. 가슴이 뜨겁게 압박되었다. 로마의 철학자 키케로가 말하지 않았던가. '모든 것은 얼굴에 있다'라고. 나를 말리는 분들의 얼굴에서 진심이 느껴졌고, 그것은 곧 내가 일을 열심히 했다는 사실을 인정받는 거 같아 한순간 왈칵한 감정이 비집고 나왔다. 그 후로 오랫동안 그 잔상은 내 가슴을 출렁이게 했다.

"나라를 먹자"

이재명 선거 캠프에 합류하면서 뭐든 각오한 일이었다. 길은 하나밖에 없었다. 함께 가기로 한 그 길을 멈추지 않고 가는 거. 이재명의 오른팔인 정진상과는 제법 잘 맞았다. 나와 정진상은 같은 경상도 사람으로 큰 이슈가 아니면 서로 간에 토를 달지 않았다. 김용도 마찬가지였다. 세 사람이 술 마실 사연들이 주렁주렁했다. 일과 후 한 잔 두 잔을 주고받게 되면서 '이재명을 주군으로 모시자'라는 다짐이 통과의례처럼 돼 버렸다. 공교롭게도 셋의 나이는 엇비슷했다. 김용 66년생, 정진상 68년생, 나 69년생. 사내들 사이에 1년 선배가 제일 센 관계이긴 해도 이재명의 삼각편대를 짜기엔 별반 문제가 되지 않았다.

그날도 셋이 술을 먹고 있을 때였다. 정진상이 정색하더니 한 마디를 던졌다.

"야, 우리…… 말이야. 우리, 나라를 먹자."

그 말을 듣는 순간 나는 뭔가에 한방 세게 얻어맞은 느낌이었다. 그때까지만 해도 이재명은 그 어떤 선거에서 당선된 적이 없었다. 하다못해 시의원도 못 했다. 그런 사람이 무슨 대통령을? 그러다가 나는 마음을 고쳐먹었다. 못할 게 뭔가 싶었다. 내가 이재명 캠프에 합류한 건 그를 성남시장에 당선시키고자 함이고, 당선되면 성남시에 해야 할 일과 정책들이 많으니 그런 업적을 만들어가면서 준비하면 될 일이었다. 나를 만나기 전의 이재명이 아닌, 나를 만나고 우리를 만나서 성남시장이 되고 차곡차곡 행정가의 길을 닦으면 대통령이라고 못할 이유가 없었다. 그러니 정진상의 말은 단어 그대로 '나라를 말아먹자'라는 해석으로 오해할 이유가 없었다. '대통령을 만들어 보자'라는 뜻이면 충분했다.

그렇지만 십수 년이 지난 오늘에 와서 정진상의 말을 곱씹어 보니 말 그대로 이재명과 그 일당들은 '나라를 말아먹는' 중이었다.

극단적 포퓰리스트,
시민을 볼모로 시작된 쇼

2010년 6월, 선거를 치른 지 삼수 끝에 이재명은 마침내 성남시장에 당선되었다. 들리는 말에 의하면 이재명이 두 번씩이나 선거에서 패하자 아내 김혜경이 선거에 나가는 것을 극구 말렸다고 했다. '이번이 마지막이다'라는 다짐을 받고서야 선거에 나섰고, 마침내 당선되었다. 그래서였을까. 김혜경은 이재명이 성남시장에 당선되자마자 자기가 시장이라도 된 듯 온갖 특혜를 누리기 시작했다. 국민의 혈세로 시녀 혹은 몸종처럼 사람을 거느렸다. 충복을 갈망한 상전의식이 만연했고 안하무인이었다.

아들들에 대한 갑질 논란은 하루 이틀의 문제가 아니었다. 아이들 성적이 조금만 낮게 나와도 학교에 찾아가 삿대질하고 심지어 담임 선생의 뺨도 후려친 적이 있다고 했다. 전 국민을 공분케

하는 법인카드를 남발한 논란을 일으켰으면서도 눈 하나 깜짝하지 않는 그녀의 놀랍도록 뻔뻔함을 말해 뭐할까.

깊고 끈적대는 밤, 안와골절의 육탄전을 예상하는 일이 있었음에도 문밖을 나서는 그녀의 모습이 어떠했나. 조용히 자기 차를 타고 병원을 다녀와도 될 일을 굳이 119 구급차를 불러 타며 이재명과 두 손 꼭 부여잡고 가는 모습이라니. 두 발이 골절돼 걷지 못하는 것도 아닌데 이들 부부는 자기 차를 타지 않고, 구급차에 몸을 실었다. 육탄전으로 생긴 부상의 논란을 잠재울 카드가 119에 있었기 때문이다. 구급차는 CCTV가 설치돼 있다는 사실을 그들 부부는 알았다. 육탄전을 벌인 게 아니냐는 질문에 두 손 꼭 부여잡고 가는 부부의 모습이 찍힌 CCTV 영상을 공개하면서 "자, 육탄전 벌인 부부가 두 손 꼭 잡고 있냐?"로 잠재울 요량이었다. 그런데 '안와골절'은 어디 부딪히고 넘어져 생기는 게 아니란 거, 국민 대다수는 알고 있다. 가격당하지 않은 이상, 안와골절을 입을 확률은 거의 없다는 얘기다.

이재명은 성남시장에 당선되자마자 바로 발톱을 드러냈다. 자로 재듯 복사한 듯 김혜경과 그렇게 부창부수였다. 부부는 경쟁하듯 바늘 도둑에서 소도둑으로 몸집을 부풀려 갔다. 그의 자식들은 정상일까. 독자 여러분의 판단에 맡기겠다.

분당연합회 조합장을 그만둔 나는 이재명 선거 캠프에 합류해 선거를 도왔다. 특히 리모델링 공약과 관련해 공약집을 만들어 배포했다. 덕분에 나는 이재명이 당선된 후 시장 인수위원회 도시건설분과 간사로 들어갔다. 서류를 인수하는 과정에서 의심 가는 부분이 있어 관련 공무원에게 자료를 요청했다. LH 공사로부터 받은 판교 개발 특별회계 예산 부문으로 5400억 원이 있어야 하는데 잔액이 얼마 남아 있지 않았다. 이대엽 전 시장이 그 예산을 청사 짓는 데 써버린 거였다. 판교 개발을 위해 쓰여야 할 예산을.

나로선 이재명에게 보고하지 않을 수 없었다. 문제를 만들려는 의도가 아니라, 특별회계에서 비는 만큼을 일반회계에서 가져다 채워 넣기 위해서다. 말하자면 저 통장에 있는 돈을 이 통장으로 옮겨놔야 했다. 돈을 옮기는 일이어서 이재명에게 보고했다.

그런데 누가 감히 예상했을까. 저 통장에 있는 돈을 이 통장으로 옮기는 일을 이재명이 그런 용도로 써먹을 줄을. 내 생각과는 다르게 이재명은 시장에 취임한 지 불과 열흘밖에 안 된, 내게 보고를 받자마자 모라토리엄(지불유예)을 선언해 버렸다. 그 일로 안팎이 시끌시끌해졌다. 남한테 돈을 빌려서 갚지 못할 상황이라면 모라토리엄 선언을 할 수는 있다. 그렇지만 당시 성남시의 경우는 남에게 빌린 돈이 아니라, 이 통장에 있던 돈을 성남시의 다른 통장에 넣어 두고 있는 거여서 모라토리엄 성립이 되지 않았다.

"아니, 이래도 되는 건가요?"

나는 시드럭하게 투덜거렸다. 내 말에 나와 같이 인수위원회에 합류해 있던 가천대 이한주 교수가 끼어들었다.

"네, 그래도 됩니다."

이한주 교수의 맞장구에 나는 더는 입을 열지 않았다. 이재명이 결정한 일이지 않나.

그렇지만 나는 그날 이재명의 결정에 내 눈살이 찌푸려지는 걸 어쩌지 못했다. 더 기함할 일은 모라토리엄을 또 한 번 악용하는 이재명의 놀라운, 극단주의적 포퓰리스트 행위였다. 저 통장에 있던 돈을 이 통장으로 옮겨 놓은 후, 이재명은 마치 자신이 큰 수익을 창출해 그 빚을 갚은 듯 시민의 눈과 귀를 속였다. 빚 독촉하는 사람 한 명 없는데 빚잔치를 하며 앞 시장이 얼마나 나쁜 사람이었는가를 곧바로 후려쳤다. 폐부 깊숙한 곳으로부터 깊은 한숨이 쏟아졌다.

이재명이란 이름 세 글자에 물음표가 붙은 건 사실이다. 그렇다고 그를 바로 등질 수는 없었다. 왜 저럴까 하는 마음이야 들었지만, 그게 그의 전부라고 판단할 수도 없는 노릇이었다. 이제 와 돌이켜 보면 그 하나하나가 잘못된 것들로 자극적이라며 충동질할 수 있겠으나, 당시 이재명의 시장 당선을 위해 하루하루 열정적으로 뛰어다녔던 내겐 그를 등져야겠다는 마음보단 한 발짝 떨어져서 멀리 보자는 생각이 그것을 방해했던 것 같다. 변명 같지만.

이후 이재명은 좋아하는 골프도 남의 눈을 피해 다닐 수밖에 없었다.

어공의 시작,
성남시설관리공단

2010년 10월 15일에 '성남시설관리공단(이하 '시설관리공단')' 기획본부장에 임명되었다. 임명 첫날, 난 내 눈을 의심했다. 가보니 이건 뭐 조직이라기보다 오합지졸에 가까웠다. 건방질지 모르지만 내 눈엔 그랬다. 성남시 산하 단체 중 680여 명이 속한 큰 조직이었는데도 시스템이 거의 구축돼 있지 않았다. 인수위를 하며 간혹 듣게 된 말 중의 하나가 시설관리공단에 관한 이야기였다. 당시 인수위 사무실이 시청 6층에 있었는데 공무원들이 오가며 하는 이런저런 말들이 내 귀에 들어왔다. 말인즉슨 공무원들이 시설관리공단을 아래로 보고 있다는 둥, 비밀이 없어서 회의 때 했던 말이 바로 밖으로 새나간다는 둥 별의별 말들이 난무했다.

실제로 조직 안으로 들어와 확인하니 현실은 밖에서 들었던 것보다 훨씬 심각했다. 아사리판이었다. 가장 충격적이었던 건 인사담당자 1명이 600여 명의 인사를 담당한다는 거였다. 혼자서 그 많은 인사를 어떻게 하느냐는 말에 인사담당자의 대답은 내 말문을 막아 버렸다.

"위에서 시키는 대로만 하면 됩니다."

그의 말대로라면 위에서 채용하라는 사람만 채용하면 되고, 승진시키라는 사람만 승진시키면 되는 주먹구구식 제멋대로 인사였다. 위의 말을 듣고 시키는 대로만 할, 한 사람이면 충분했다. 그뿐만 아니었다. 채용 방법도 간단했다. 달랑 서류 하나에 면접이면 끝이었다. 매관매직한다는 파다한 소문은 거짓이 아니었다.

나 역시 정진상이 채용하라는 이들은 모두 채용했다. 그렇지만 돈을 받지는 않았다. 한번은 시의원 하나가 500만 원을 들고 우리 집까지 찾아오기도 했다. 당연히 난 뿌리쳤다. 말하자면 2층(이재명의 시장실을 가리킴)의 지시로 정진상을 통해 내려온 사람을 채용하거나 민주당의 힘 있는 시의원이 추천하는 사람을 채용했다. 민주당 쪽 시의원이 이재명의 말을 듣게 하기 위해선 그만한 약발이 없었다.

시스템을 정비하다

조직을 재정비하기로 마음먹었다. 조직 전체가 샛길로 들어섰는데도 어디로 가고 있는지 누구 하나 바로잡으려 하지 않고 타성에 젖어 있었다. 나로선 많은 어려움이 있겠지만 조직을 재정비하지 않고는 어떤 일도 진행이 어렵다고 판단했다. 어디서부터 해야 할까. 순간 그런 생각이 들었다. 그때까지 내가 살았던 인생은 게임이 아니었을까 하는. 아주 바쁘고 열심히 움직였는데 득점을 많이 올리지 못한 게임. 이제 비로소 게임에서 득점을 올릴 절호의 기회가 아닐까 싶었다. 조직을 재정비하겠다고 마음먹는 순간, 대학을 졸업하고 취업의 길로 뛰어들어 배웠던 웹 기획과 정보통신 프로그램 등이 머릿속에 가지런히 정리되면서 무엇을 해야 할 것인지가 파노라마처럼 펼쳐졌다.

인사 시스템과 계약 시스템을 정비하기 시작했다. 조직이 앞으로 무엇을 할 건지, 어떤 조직으로 바뀔 것인지를 예측하고, 경영평가는 어떻게 받을 것인지를 체계적으로 하기 위해 인사 부서를 신설했다. 인사 부서가 있어야 인사 시스템대로 하지 않겠나. 인재 양성 파트HRM와 인재 개발 파트HRD 두 부서를 만들었다. 조직 내에서 크게 반발했다. 시스템이 구축되면 그동안 해 왔던 일보다 일이 많아질 것을 우려했다.

강행했다. 인사 부서가 있어야 체계적으로 사람을 채용할 게 아닌가. 시험도 치르게 하고. 내가 인사 부서를 만든 이유 중의 하나가 시험제도를 도입하기 위해서였다. 외부 전문업체인 잡코리아에 맡겨 공정성을 담보했다. 인사 부서를 만들기 전까지는 사람을 뽑는다고 하면 전화가 빗발쳤다. 성남에서 힘깨나 쓴다는 사람에게서는 거의 다 전화가 왔다. 안 뽑아주면 자칫 원수가 될 상황이었다. 시험제도를 만들어 3배수 안에 들어 통과해야 채용했다.

전화가 오면 그다음부터는 "시험에 합격한 다음에 전화하세요. 그전에는 저도 어떻게 할 수 없어요"라고 했다. 이후 점차 인사 청탁 전화가 줄었다.

내가 인사 부서를 만들고 시험제도를 도입한 일은 지방 공기업에선 '처음'이었다. '성취'나 '소유'의 목적을 둔 '처음'은 아니었지만, 막상 그런 일을 하고 나니까 그 처음의 길을 내기 위해 감당했던 내 안의 열정과 함께했던 직원들에 대한 고마움이 널뛰기를 해댔다. 이어서 기획부서도 만들고 계약 시스템도 구축했다. 300만 원 이상은 무조건 소액 입찰을 하게 만들었다. 지방 공기업 최초의 시스템화로 조직이 단단해졌다는 평가를 받았다. 업무 진행 시에는 구두가 아닌, 서류로 남겨 효율성도 높였다. 아이러니하게도 그때 남겼던 서류들이 재판을 받는 불편한 요즘의 내 처지에 큰 도움을 주고 있다.

점차 조직이 안정화가 되면서 크게 달라진 것은 성남시에서 시설관리공단에 더 많은 일을 줬다. 성남시청 공무원들도 더는 시설관리공단에 함부로 하지 않았다. 민간 기업에 주던 일을 시설관리공단에다 줬다. 시설관리공단의 일은 18개 사업에서 34개 사업으로 늘어났다.

자연히 고용 창출도 뒤따랐다. 직원이 1,200명으로 늘어났다.

"유동규 쫌 보고 배워라"

　　　　　　　　피터의 원리대로 자리가 사람을
만든 것일까. 시설관리공단 본부장이 되고 보니 뭔가가 자꾸 보였
다. 도깨비방망이를 쥔 듯 생각하면 해야 할 일이 쏟아졌다.

　시설관리공단의 주차관리원은 380명이나 되었다. 살펴보니 그
들은 정년까지 근무하는 상시근로자이긴 해도 정규직이 아니어
서 퇴직금과 성과급이 없었다. 그 많은 이들의 삶의 질을 높이는
길이 무엇일까를 고민했고 마침내 찾아낸 것이 정규직으로 전환
하는 일이었다. 내부의 반발도 예상했다. 나로선 하지 않을 수 없
었다. 정규직이 되면 가장 좋은 게 은행 대출 조건과 이자 혜택이
다. 그것만 해도 그들의 삶은 숨통이 트일 터였다. 이재명에게 보
고했다.

　"상근직 주차관리원 380명,

　정규직으로 전환하겠습니다."

　임금 상승 없는 조건부 전환이었다. 물론 임금은 상승하지 않
지만, 성과급과 퇴직금이 있어서 상승효과가 전혀 없는 것은 아
니었다. 원래 7급부터 3급까지 있던 직제를 8급부터 2급으로 편
제했다. 대신 8급은 승진할 수 없게 만들어 상시근로자를 정규직
으로 편제했다. 예상대로 직원 일부가 반발했다. 자신들은 어렵게

입사해 정규직이 되었는데 어떻게 상시근로자로 들어온 사람들이 정규직이 되느냐는 거였다. 반발은 곧 잠잠해졌다. 그들이 무엇에 반발할지를 미리 알고 형평성을 고려한 편제를 단행했기 때문이다.

상근직이었던 주차관리원을 정규직으로 만든 것 역시 지방 공기업 최초였다. 덕분에 5년 연속 경영 평가에서 '가' 등급(2012~2016년)을 받았다. 공기업 임원 중 유일하게 행안부 장관상도 받았다. 기관은 국무총리나 대통령상을 받을 수 있지만, 기관장이 받는 경우는 드물다.

인사 개혁 시스템을 잘 구축해 업무가 원활해지자 이재명은 공기업 기관장들에게 자랑하듯이 "유동규 쫌 보고 배워라"라는 말을 입버릇처럼 했다. 기관장들로선 자랑이기보다는 압력에 더 가까웠을 말이다. 실제로 다른 기관에서 벤치마킹하러 오기도 했다.

나는 재직 중 이재명에게 오더가 내려온 직원 채용은 잡음 하나 없이 채용했다. 이재명을 위해, 우리들의 목표를 위해 하나하나 차곡차곡 쌓아갔다. 2012년 6월에는 새누리당 시의원 최윤길을 민주당 쪽으로 빼 와서 2013년, 수익 창출을 할 수 있는 '성남도시개발공사' 설립을 의회에서 통과시켰다. 당시의 나는 그것이 창조적 공직 수행 원동력이라 믿으며 자신을 한없이 재촉했다. 마음속에 품은 희망으로 현실을 못 보는 어리석음은 그렇게 점점 깊은 늪으로 빠져들고 말았다.

참고로 '시설관리공단'은 자체적으로 수익을 창출하는 곳이 아닌, 대행사로 창출된 수익 모두를 성남시로 보냈다. 관리만 했던 성남시 산하 단체였다.

해마다 성남시에서는 시설관리공단에 인건비 포함한 관리비 등의 운용 비용만 측정돼 내려온다. 부채가 생길 수 없는 구조다. 공단에 비리가 있다고 하는 것은 있을 수 없는 말이다. 적자가 나는 경우는 불용 예산이 많아서다. 쓰지 않아 생기는 결과다. 예를 들면 100만 원 예산에서 100만 원을 전부 쓰게 되면 부채는 제로다. 그렇지 않고 50만 원만 쓰고 50만 원을 남겼다면 50만 원은 부채가 된다. 연말 전에 성남시에 반납하면 부채가 되지 않지만, 당해연도에 쓰지 않은 예산을 그대로 갖고 있으면 부채가 된다. 엄밀히 말하면 부채 아닌 부채다. 시설관리공단은 예기치 않은 손실이나 치명적인 경영 실패를 운운할 게 없는 조직이다. 이재명이 무리하면서까지 '성남도시개발공사'를 설립해 시설관리공단을 흡수한 것은 수익 사업을 위해서다. '공단'과 '공사'의 차이점을 이해하면 다음 장의 '대장동과 1공단 공원 만들기' 내용을 쉽게 이해할 수 있다.

위험한 발상, 신격화

인간의 존립, 즉 생존이란 건 어찌 보면 웃긴 일이다. 가령 팔레스타인
은 현재 생존의 중심을 땅에 두고 있다. 이스라엘도 마찬가지다. 대륙주
의에 빠져 전쟁을 일으킨 러시아나 독일도 땅을 중심에 두었다. 반면 영
국과 미국은 상품 교역을 중심에 두고 있다. 대륙 국가 사람들은 땅을 중
심에 두는 데 여기에 하나를 더 필요로 한다. 스토리다. 인간은 스토리 없
이 살 수 없다. 스토리가 없으면 종교도 없고 드라마도 나오기 어렵다. 이
런 것이 없는 상태에서 우리가 물자만으로 살 수 있을까?

인간의 생존에 꼭 필요한 것을 들라면 흔히 의식주를 꼽지만, 이것만
으로는 충분치 않다. 정신적 존립에 필요한 이데올로기, 스토리, 문화가
있어야 한다. 이러한 것이 없으면 인간은 존립하기 어렵다. 정치는 이를
바탕으로 존재하는 것이며, 덕분에 인간은 군집 생활을 영위한다.

왜 이런 얘기를 하느냐면 요즘 더불어민주당에서 이상한 일이 벌어
지고 있어서다. 우파는 왜 좌파에 밀리는 느낌일까? 먼저 역사를 보면 그
학술 수준이 비교할 수조차 없다. 지식과 자료 검색, 팩트 체크에서 우파
는 압도적으로 우위에 있다. 그런데 왜 우파는 역사 전쟁에서 번번이 밀
리는 것일까? 스토리텔링이 약해서다. 사람들은 종종 "팩트의 힘을 믿는

다"라고 말하는데 사실 그 팩트가 몹시 불편한 경우가 많다.

예를 들어 독립운동을 생각해 보자. 독립운동을 얘기할 때 우파는 마구 팩폭하는데 이게 굉장히 불편하고 머리가 깨질 것 같다. 제2차 세계대전 당시 폴란드나 프랑스에서 레지스탕스들이 활약한 것, 유고슬라비아 사람들이 독일을 상대로 게릴라전을 벌인 것을 들여다보면 "우리도 독립 전쟁을 했어요"라고 말하기가 좀 부끄러워진다. 이런 팩폭 당하는 것을 좋아하지 않는다. 그런데도 우파는 과감하게 팩폭을 날린다.

경제 쪽은 어떨까? 우파 전문가는 대중과 소통할 때 팩트를 전달해도 사람들이 이해하지 못하면 '아, 알아듣지 못하는구나'라고 그만두는 경우가 많다. 확신 높은 우파 전문가도 좌파의 포퓰리즘을 쉽게 이기지 못한다. 지금 민주당이 이재명을 둘러싸고 이상한 대서사시를 쓰고 있다. 마치 '단군신화'나 '길가메시 서사시'처럼 말이다. 거의 환상곡 수준이다. 그들은 '핍박받는 이재명', '민주 정부의 구원자 이재명', '우리가 기다리던 구원자 이재명'이라고 대서사시를 엮고 있다.

이 대서사시 뽕에 빠진 이들은 사랑에 빠진 젊은 남녀를 헤어지게 하는 것만큼이나 뽕을 빼는 게 쉽지 않다. 현재 이재명은 교주가 아닌 거의 신이다. 이재명이 신이고 제사장은 김어준이다. 정청래는 가브리엘이고. 제사장이 제사를 지내고 신탁을 받들어 경쟁하던 고대 시대로 돌아간 것 같아 멀미가 날 지경이다. 흥미롭게도 SNS는 유럽의 르네상스처럼 고대 그리스·로마의 과학과 상업, 세속주의뿐 아니라 에픽 대서사시까지 부활시켰다. 종일 SNS를 들여다보는 시대로 과반이 대서사시에 몰드는 일이 벌어지고 있다. 민주주의 투표를 하면서 과반이 넘는 국민이 상식이

나 시대정신을 보는 게 아니라 대서사시를 잘 쓰는 쪽에 표를 준다는 말이다. 카리스마란 '신의 은총을 입은 자'라는 뜻이다. 이런 인물은 카리스마적 리더십 부활을 상징한다.

그다음에 벌어지는 것은 적통 논쟁이다. 정치사에 늘 있었던 것으로 한때는 친박 논쟁이 있었고, 지금은 친명계로 시끄러운 상황이다. 신의 은총을 입은 카리스마에다 적통 논쟁 부활은 우파와 좌파 양쪽 모두에서 벌어지는 일이다. 물론 지금 우파는 윤석열 대통령을 숭배하는 그런 분위기는 아니다. 문제는 앞으로 우파가 에픽 대서사시를 들이미는 교조화한 정파와 싸워야 하는 사태가 벌어질 거라는 점이다. 상당히 머리 아픈 일이다. 과학을 숭상하던 시대가 이상하게 흔들리고 있다.

대한민국에서 공부를 많이 한 사람은 대체로 학자, 사상가, 과학자다. 그런데 지난 탈냉전 30년을 돌아보니 미국이든 어느 나라든 이데올로기 전쟁이 끝나자 과학이 더는 이데올로기 전쟁에 종사하지 않는 문제가 발생했다. 나는 과학이 이데올로기 전쟁에 종사한 전성기를 달에 착륙하겠다며 아폴로 11호를 준비하면서 몇백조를 쓰던 시기라고 생각한다. 핵미사일을 만들기 위해 과학자를 50%나 투입한 것이 과학과 정치의 합작이자 과학인 이데올로기에 종사한 일이다.

그러던 과학자들이 어느 순간부터 정치, 즉 정부 예산을 따라간 게 아니라 기업과 금융 쪽으로 가버렸다. 탈냉전 30년 동안 돈을 좇아 그런 일이 진행돼 버렸다. 수학자가 금융 상품을 설계하는 것도 당연한 일로 여졌다. 국가 이성 영역이나 담론에서 과학주의가 싹 빠졌다. 정치는 1급이 아니라 2급~3급이 가는 일로 전락했고 최고 지성들은 정치를 외면했다.

다시 정치가 중요한 시대가 왔다. 그런 상황에서 정치가 엉망으로 흘러가니 정치가 과학과 이성이 아니라 제사장 파티처럼 되어버렸다. 이 판에서 제정신인 사람은 버티기가 힘들다. 합리적인 사람이 합리적인 이야기를 하면 '아직도 저런 사람이 있어?' 하는 분위기라서 그렇다.

누가 누구와 친하고, 누가 누구의 라인인지 분류하는 일이 비일비재하다. 그렇지 않아도 우리나라는 그런 경향이 꽤 있었는데 이제는 누구 라인이라고 하면 묻지도 따지지도 않는다. 정치가 거의 사이비 종교화하는 수준이다. 이 문제는 대한민국에서만 벌어지는 현상이 아니다. 전 세계가 신탁·광기·숭배 열풍에 휩싸여 있다. 지금 서로 싸우는 네타냐후와 하마스가 대표적이다. 싸우는 양쪽 모두 민주주의보다 유대주의 민족이란 걸 더 중요시하는 사태가 벌어지고 있다. 대한민국의 민주당도 자유민주주의, 정치 민주주의가 아니라 민족을 더 중요시하는 포퓰리즘 식으로 가고 있다. 논리에 근거한 신념이 아니라 감각과 광기에 근거한 신념이다.

대중을 이끄는 이러한 힘은 현재 포퓰리즘을 넘어 파시즘으로 가는 광기를 보인다. 미국에서도 국제주의는 위축되고 일국 주의가 득세하고 있다. 과학이 신탁에 밀리고, 이성이 광기에 밀리는 이 시대의 혼란상을 그대로 보여 주는 곳이 대한민국 야당인 더불어민주당이다.

그런 민주당이 여당이 되면 어떻게 될까? 이재명이 집권하면 우리는 문화유산을 파괴하거나 훼손하는 반달리즘을 구경하게 될 것이다. 맥아 더 장군, 백선엽 장군 그리고 이승만과 박정희 대통령이 구축한 모든 문명 근간이 멈추는 것에서 그치는 게 아니라, 아예 끝장날 거로 보인다. 이건 반드시 막아야 한다. 개별 사건을 좀 더 넓은 시각으로 바라볼 필요가 있다.

6장

대장동과
1공단 공원 만들기

"나는 1공단에 공원만 만들면 돼.
대장동 개발 사업은 니들이 알아서 해!"

당신들의 댄스 댄스

사람이 가진 불행 가운데 가장 큰 불행은 무엇일까. 저마다 다르겠지만, 내 경우 이재명과 함께했던 시간을 돌이켜 보니 그거였다. 이미 넉넉히, 충분히 가졌음에도 자꾸만 더 많은 걸 '더, 더, 더' 욕심내는 데서 걷잡을 수 없이 커진 불행. 바늘 도둑이 소도둑 되는 일은 눈 깜짝할 새였고, 일말의 양심도 가차 없이 엿 바꿔 먹는 놀라움에 가슴 철렁할 때가 한두 번이 아니었다. 무라카미 하루키의 소설 《댄스 댄스 댄스》에서 읽었던 대목을 소개하며 반전에 반전을 거듭하는 '대장동 스토리'를 말하고자 한다.

···「삿포로의 토지 의혹, 검은손이 꿈틀거리는 도시 재개발」이라고 있었다. 하늘에서 찍은, 완성을 눈앞에 둔 돌핀 호텔의 사진도 실려 있었다. 요약하면 이런 줄거리였다. 우선 첫째로 삿포로시 일부에서 대규모로 토지 매점이 진행되고 있었다. 불과 이년 사이에 수면 아래에서 토지의 명의가 이상하게 움직였다. ······ B산업이 매점하고 있던 지역은 삿포로시가 재개발 계획을 진행하고 있던 토지였던 것이다. 지하철 건설이며, 청사 이전이며, 그런 공공 투자가 그 지역에 시행될 예정이었다. 그 자금의 대부분은 국가에서 나오기로 되어 있었다. ······ 모든 것은 면밀한 계획 아래 진행됐다. 그것이 고도자본주의 사회라는 것이다. 가장 거액의 자본을 투자하는 자가 가장 유효한 정

보를 입수하며, 가장 유효한 이익을 얻게 된다. 누가 나쁜가, 하는 이야기는 아니다. …… 가령, 토지 매수에 응하지 않는 자가 있다고 치자. 예전부터 장사를 하고 있던 신발가게가 매수에 응하지 않는다. 그러면 어디선가 해결사 같은 자들이 나선다. 거대 기업이라는 건 그런 루트 같은 것도 꽤나 갖고 있는 것이다. …… 그것은 부패랄 것도 아니다. 시스템이다. 그것이 자본투자다.[17]

이 책을 읽는 내내 내 가슴은 뭐랄까, 맥박이 심하게 요동쳤다고 할까. 이웃 나라 일본의 현실도 우리와 별반 다르지 않다는 것에 위안 삼아서가 아니라, 지금 내가 겪고 있는 이 모든 것이 현실인지 비현실인지 분간이 안 돼서였다. 그렇다고 "사람 사는 게 다 그렇지 뭐, 누가 누굴 뭐라 할 수 있겠어?"라며 누군가를 옹호하거나 내가 지은 죄를 변호하려는 게 아니다. 나는 방송에서도, 사석에서도 수없이 고백한 바가 있다. 나는 죄를 지었노라고. 죄지은 만큼 받겠노라고. 그렇지만 반드시 짚고 넘어가고 싶은 게 있다. 누군가가 혹은 누군가를 죽도록 미워할 일이 있다고 해서 작동하고 있는 세상 모든 시스템을 부정해선 안 된다는 것을 말이다.

삿포로시, 재개발, 정보, 토지, 투자, 시행, 매수, 부패, 자본.

---

17 무라카미 하루키(1989), 《댄스 댄스 댄스 (상)》, 문학사상, 122~125쪽에서 발췌.

소설 내용의 핵심 단어 중에 삿포로시를 '성남시'로 바꾸면 대장동 개발과 다를 게 없다. 말하고 싶은 것은 현실에서 관련된 일에 종사하는 모든 기업을 싸잡아 범죄시해서는 안 된다는 얘기다. 그 현실을, 자신의 욕망을 분출하는 일탈의 기회로 이용한 이들의 죄를 물어 반면교사로 삼을 일이다. 그 일을 위해 나는 내 죄를 여기에다 춤추듯 고백한 것이다.

랜드마크에 대한 집착

주목할 것은 대장동 개발 사업 전체가 비리는 아니다. 누군가는 개발해야 했던 일이다. 문제는 그 모든 사업의 인허가권을 가진 권력자 성남시장이 자신의 치적인 '1공단 공원화'를 위해 무리하게 밀어붙이며 개발 방식을 바꾼 데서 비리는 시작됐다. 그 과정에서 큰 이익을 가져올 김만배와 결탁해 성남시와 성남도시개발공사에 들어올 수익을 김만배 일당에게 몰아 줘버렸다. 국가가 가져갈 이익을 개인이 가져가도록 구조를 짠 거다. 개인이 가져간 그 이익 중에 이재명의 몫이 있다는 게 비리의 하이라이트다.

2010년 6월, 이재명이 성남시장에 당선된 후 내가 인수위원회 도시건설분과 간사로 들어갔던 얘기는 앞에서 잠시 언급했다. 인수위를 마치고 그해 10월, 시설관리공단 본부장으로 부임해 나는 구시가지 개발 TFT 단장을 맡았다. 단원들과 함께 구시가지에 청계천처럼 '복계천'을 할 것인지, '1공단 공원화'를 할 것인지를 논의했고, 최종적으로 비용이 3000억 원가량 드는 복계천 사업보다는 비용이 좀 덜 들어가는, 이재명의 공약이었던 '1공단 공원화' 사업에 목표를 뒀다.

그때부터 나는 시설관리공단에서, 정진상은 성남시 정책비서관으로, 김용은 시의회에서 포진해 이재명의 측근으로 서로 정보를 공유하고, 이재명의 향후 정책 방향이나 시정 전반에 관여했다. 그 과정에서 대장동 개발 사업을 협의해 진행했다.

처음 내가 이재명과 정진상을 함께 만났을 때 정진상이 말했다.

"이명박이 대통령 된 게 청계천이잖아. 랜드마크.
그러니까 이재명 하면 '1공단 공원화'가 나와야지!"

이런 공식이 성립할 수 있으니 더할 나위 없었다. 이 이야기를 하는 것은 '1공단 공원화' 사업과 '대장동 개발 사업'을 좀 더 쉽게 설명하기 위해서다. 그럼 이제부터는 본격적으로 '1공단 공원화'와 '대장동 개발 사업'이 어떻게 춤을 추며 변모해 가는지 살펴볼 차례다. 그러기 위해선 두 사업이 이재명이 성남시장에 당선되기 전부터 진행된 과정을 살펴봐야 한다. 새로운 사업이 아니었다는 것을 전제하고 들여다보면 이 사업이 이재명에 의해 어떤 '쩐의 전쟁'을 불러일으켰는지 알 수 있다.

그때그때 달라지는
개발 방식

1공단은 성남시 수정구 신흥동 2458 일원으로 1공단 부지는 1974년경 개설된 성남지역 첫 공단이다.

1990년대 후반부터 노후가 되면서 이전 문제가 불거졌다. 이대엽 시장이 1공단을 이전하고 개발하는 사업을 시작했다. 2007년에 1공단을 모두 철거한 후에 그 자리에다 주거·상업지역으로 개발하려고 시작했다. 그때 가장 크게 반발했던 사람 중의 하나가 이재명이었다. 당시에는 성남지역 시민운동가로 활동했다. 주거·상업지역이 아닌 '전면 공원화'를 주장했다. 이재명은 2006년에 성남시장에 출마했다 떨어졌는데 당시 공약이 '1공단 전면 공원화'였다.

2007년, 성남시와 건설교통부는 1공단을 3분의 1만 공원화하는 거로 의결했다. 이재명은 민주당 부대변인 겸 분당갑 지역위원장으로서 2008년 12월에 '3분의 1 공원화가 아닌 전면 공원화를 촉구한다'라는 반대 기자회견을 열었다. 이후 2009년 5월, 1공단 3분의 2는 신흥도시개발 구역으로 지정돼 진행됐다. 2010년 5

월에는 사업권을 양도받은 신흥프로퍼피파트너스(이하, SPP)[18]라는 회사가 시행사 신청까지 해놓은 상황이었다. 이미 1공단이 3분의 1만 공원화하는 작업이 상당히 진척된 상황에서 2010년 6월, 이재명은 시장에 당선됐다.

1공단에서 10km 떨어진 곳에 대장동이 있다. 2005년에 처음 성남시가 이 지역을 개발하려 했을 때 투기가 과열되는 바람에 당시의 성남시는 5년간, 2010년까지 이 지역을 개발하지 못하도록 묶어버렸다. 그러자 2006년, 대장동 원주민들은 좀 더 개발 속도를 내기 위해 '대장동추진위원회'를 만들었고, 그때 남욱 변호사가 '씨쎄븐'이라는 개발 시행업체를 인수해 운영하며 주민들과 함께했다. 그런데 LH(한국주택토지공사)가 성남시에 이런 제안을 했다.

"성남시가 대장동 땅 전부를 사서 공공으로 개발하라."

이재명의 성남시는 LH의 제안을 수용했다. '공공개발'이란 말에 대장동 주민들이 들고일어났다. 개발 사업 주도권이 모두 성남시가 가져가기 때문이다. 민간업자들로선 공공임대주택 짓는 것

---

18 이재명이 개발 방식을 바꾸면서 사업권이 취소돼 성남시를 상대로 소송을 제기한 회사.

보다는 분양하는 게 훨씬 더 돈이 되니까 주민들과 함께 '공공개발' 저지 운동을 벌였다. 사실 이재명은 시장에 당선되기 전까지는 대장동 원주민 편을 들었다. 2009년에는 공공개발 저지 시위를 하며 찬조 연설도 했다.

"내가 성남시장이 되면 대장동 주민들이 원하는 대로

민간개발을 하겠다."

2010년 6월, 성남시장 선거가 시작됐다. 이재명의 제1공약은 '1공단 전면 공원화'였다. 이게 중요했던 게 당시 민주노동당 김미희 후보와 단일화하는 조건 중의 하나이기도 했다. 대장동 민간개발 이야기도 했지만 강력한 공약 메시지는 아니었다. 대장동 주민들 표를 의식해서 했던 말이 아니었을까. 성남시장이 되자마자 이재명은 언제 그랬냐는 듯이 말을 확 바꿔 버렸다. 자신의 주요 공약이었던 1공단 공원화 재원 마련을 위해 수용 방식을 전제로 하는 공공개발 형태의 대장동 개발 사업추진을 공언했다. 즉, 대장동 개발 사업에 '민간업자는 얼씬도 하지 못하게 하겠다. 반드시 공영개발을 통해 명품 신도시로 개발하겠다'라고 했다.

시작부터 벽에 부딪혔다. 위에서 언급했듯 이미 1공단의 3분의 1만 공원으로 만들고 3분의 2를 개발하는 것으로 상당 부분 진척돼 있었다. 이미 사업권을 양도받아 시행사를 신청한 SPP가 그냥 있진 않을 거였다. 1공단 전면 공원화를 위한 엄청난 예산 확보도 요원하기만 했다.

4000억 원(처음보다 늘어남) 이상이 예상됐다. 그런데도 이재명은 밀어붙였다. 사업권을 양도받은 SPP가 성남시에 사업자 신청을 세 번이나 했지만 모두 거절했다. 이런저런 민원이 제기된다는 이유였다.

역풍이 불었다. 큰돈이 들어가는 '1공단 전면 공원화'는 대체 무슨 돈으로 할 거냐는 비판이 일었다. 여론이 호의적이지 않고 싸늘했다. 성남시, 즉 국민의 세금으로 1공단 개발비를 다 대는 것보단 3분의 1만 공원화하고 나머지 3분의 2를 개발해 얻은 돈으로 하자는 여론이 우세했다. 설상가상으로 SPP의 사업권 거부 취소 소송까지 제기됐다.

당시, 남욱을 비롯한 민간업자들은 대장동 토지 소유자들로부터 개발 사업용지의 약 70%가량 동의를 확보했다. 개발만 하면 대박이 날 거라 판단했다. 소유권 확보에 따라 자신들이 사업 주도권을 가질 수 있는 '환지 방식'의 민간개발을 추진하고자 했다. 대장동추진위와 토지 소유자들 또한 감정가를 기준으로 토지를 보상받게 되는 '수용 방식'보다는 시가 기준으로 매매대금을 받을 수 있는 환지 방식에 의한 개발을 지지했다. 여기에서 눈여겨볼 것은 환지 방식이다. 이미 사업용지의 70%가량을 확보하고 있던 남욱의 개발 방식으로 진행됐다면 아무런 문제가 없었다. 나는 그때나 지금이나 이 생각엔 변함이 없다.

문제가 생겼다. 이재명이 느닷없이 대장동을 공공개발하겠다고 나섰다. 남욱으로선 걸림돌이 아닐 수 없었다. 대장동 개발을 공약으로 내걸고 시장에 당선된 이재명이 민간개발이 아닌, 공공개발을 하겠다니. 결국 그 말은 성남시가 성남도시개발공사를 설립해 직접 개발하겠다는 거였다. 2011년 3월, 이재명은 대장동 땅을 공공개발 구역으로 지정해 버렸다. 남욱으로선 난감한 일이었다. 공공개발을 하게 되면 민간사업자인 남욱은 대장동 사업에 참여할 수가 없다. 어떡하든 민관이 합동 개발할 수 있게 만들어야 했다.

'성남도시개발공사' 설립을 위한
용병 김만배의 등장

2011월 10월, 남욱은 성남시의원 최윤길을 찾아가서 나를 만나게 해달라고 했다. 만난 자리에서 남욱은 대뜸 내게 대장동 개발 사업을 같이하자고 했다. 그때 나도 고민이 있었다. 대장동 개발과 위례신도시 개발을 하려면 성남도시개발공사(이하 '공사') 설립이 절실했다. 시설관리공단은 개발 업무를 할 수 없어서 '공사'를 설립해야만 했다. 공사 설립을 위해선 성남시의회에서 조례안이 통과되어야 하는데 성남시의회를 새누리당이 대다수 차지했다. 번번이 통과가 안 됐다. 나는 남욱에게 역제안했다.

"대장동 개발 사업을 하기 위해선

성남도시개발공사부터 설립해야 한다.

이것부터 해결하자."

그때 남욱이 끌어들였던 인물이 로비스트 김만배였다. 성남시의회 로비를 위해서였다. 김만배가 당시 했던 말을 살피고 가자. 본인 입으로도 자신은 로비스트라는 말을 서슴지 않았다.

김만배 (남욱은) '사업을 안 하겠다는 거 아닙니까' 그래서 '야, 대장동 사업 나한테 얘기하지 마, 새끼야. 내가 대장동 뭐 주인이야 뭐야 이 새끼야. 대장동 로비스트야, 나는. 얘기하지 마' 그러니까 '아, 형님, 다 알아요' '뭘 알아? 이 새끼야'

김만배 응, 최 의장(최윤길) 부분만 정리해 놔. 왜냐면 최 의장 섭섭하지 않게만 해 놔.

정영학 그렇게 하겠습니다. 예, 무슨 말씀이신지 알겠습니다. 예.

김만배 결국은 최 의장이 시장 (이재명) 하고 협상을 해야 해.

— 정영학 제출 녹취록 일부 2013년 1월 27일.

로비스트 김만배를 앞세운 대장동 개발 사업 민간업자들은 성남시의회에서 공사 설립 조례안을 통과시키기 위한 작전을 짰다. 첫 번째가 새누리당 소속 시의원이었던 최윤길을 시의장으로 만드는 거였다. 민주당 소속 시의원들을 설득해 결국 시의장으로 당선시켰다. 그다음이 조례안 통과였다. 나는 2013년 2월 28일까지는 무슨 일이 있어도 공사 설립 조례안이 통과될 수 있도록 정진상, 김용, 최윤길과 함께 구체적인 계획을 협의했다.

시의원이었던 김용은 그날, '의원들이 당론을 떠나 소신 투표를 할 수 있게 무기명으로 투표하자'라고 제안했다. 이를 받아들인 시의장 최윤길은 투표를 거쳐 공사 설립 조례안의 표결 방법을 무기명 투표로 결정했다. 2013년 2월, 새누리당 의원 대다수가 이에 항의하며 집단 퇴장했지만, 최윤길은 표결을 강행해 마침내 공사 설립과 운영 조례안을 통과시켰다.

이때의 상황을 남욱은 피의자 진술에서 다음과 같이 했다.

그 당시에 김만배가 최윤길, 강한구, 권낙용 3명을 설득해서 한나라당(새누리당)에서 민주당으로 당적을 바꾸게 하였고, 무게추가 민주당 쪽으로 기울었습니다. 사실상 캐스팅보트를 가지고 있던 3명을 당적까지 변경시키면서 도개공 설립 조례안 의결을 통과시킬 수 있도록 한 것입니다. …… 그 당시에 조례안 의결이 되고 나서 김만배가 저에게 최윤길에게 10억 원, 강한구에게 5억 원, 윤창근에게 5억

원을 사업이 잘되면 주기로 약속했다는 말을 했습니다.[19]

당시 김만배는 '공사' 설립 관련, 조례안 통과 조건으로 시의원들에게 '대장동 사업이 성공한 후에 거액을 주겠다'라는 약속을 했다. 실제로 대장동 사업 배당을 시작한 이후 2021년께 최윤길에게 40억 원의 성과급과 연봉 8400만 원 지급 약속을 하고 급여 명목으로 8000만 원을 지급한 것으로 파악됐다.

돈 안 되는 '공원'과 돈 되는 '대장동' 개발 사업을 결합하는 방법

2012년까지 이재명의 제1공약이었던 '1공단 전면 공원화'는 허공에 뜨게 됐고, 3분의 1 공원화도 더는 진척되지 않았다. 임기의 절반이 지난 상황에서 자신의 공약을 이행하지 못할 위기에 처했다. 그때 복음처럼 기쁜 소식이 날아들었다. 2012년 4월, 도시개발법 개정이 시행됐다. '서로 떨어진 지역을 결합해 하나의 도시개발 구역으로 지정할 수 있다'라고. 1공단과 대장동이 떨어져 있는데 이 두 곳을 결합해 개발할 수가 있게 됐다. 이재명은 잽싸게 두 개를 결합해 개발할 것을 지시했다.

---

19   남욱의 진술 조서 1회(2021년 10월 18일 자).

〈성남시 '1공단+대장동' 결합개발[20] 추진〉

경기도 성남시가 수년째 방치된 신흥동 '제1공단+대장동'을 공원으로 조성하되 '대장동' 개발 사업과 묶어 결합개발을 추진한다. 이재명 경기도 성남시장은 취임 2주년 기자회견에서 결합개발 사업 추진 방침을 밝혔다. ······ "제1공단(8만 4천㎡)과 대장동(91만㎡)을 단일 사업 구역으로 묶어 결합개발을 시행하겠다"며, "1공단은 시민 세금 부담 없이 공원화하고 대장동 개발 이익 대부분을 환수하는 이중 효과를 얻게 된다"고 설명했다.[21]

이재명은 모라토리엄 선언 이후 재정 문제로 핵심 공약이었던 1공단 공원화 사업 진행이 어렵다는 여론이 형성되자 결합개발이라는 방법을 택했다. 대장동 개발 사업으로 번 돈으로 1공단을 공원화하려고 했다. '나는 국민 세금 한 푼 안 쓰고 공원을 만들었다'라는 것을 내세우기 위해서였다. 대장동 개발 사업으로 이익이 크게 나겠다 싶으니까 '민간업자들을 설득하면 재원을 만들 수 있겠다'고 판단한 거였다. 시청 담당 공무원에게 '결합개발 타당성 검토 보고' 내용 중에 '환지가 포함된 혼용 방식에 부정적인 의

---

20 대장동-제1공단 결합 도시개발 사업. 물리적으로 떨어져 있는 대장동과 1공단 두 지역을 묶어서 개발하는 것을 말한다. 주로 개발 제약이 많거나 개발 이익이 적은 구역과 개발 조건이 좋은 구역을 묶는 방식이다. 1공단과 대장동은 직선거리로 약 10km 떨어져 있다.

21 〈연합뉴스〉, 2012년 6월 27일.

견이나 배제하는 내용은 삭제하도록 지시했다.

그렇지만 대장동 개발 사업을 해서 번 돈만으로는 1공단 전면화 공원을 하기엔 턱없이 부족했다. 아무리 계산을 해봐도 4000억 원을 만드는 건 불가능했다. 이재명은 또 마음을 바꿨다. 전면 공원화는 포기하고, 일부만 공원으로 만드는 대신 그 비용을 민간업자들에게 부담하도록 했다. 그렇지만 결합개발은 민간업자들에겐 좋을 게 하나도 없었다. 공원을 만드는 거는 돈이 되는 게 아니라 번 돈이 많이 들어갈 뿐이다. 공원은 만들면 그거로 끝이다. 수익을 내는 게 아니니. 대장동 주민들에게도 역시 마찬가지다.

남욱은 재빨리 움직였다. 대장동 주민들에게는 말도 하지 않고, 결합개발을 결정했다. 1공단에 공원을 만들어 주는 대신에 사업 수익을 낼 수 있는 여러 가지 특혜를 요구했다. 나는 정진상에게 전했고, 이재명은 결재했다.

"나는 1공단에 공원만 만들면 돼.
대장동 개발 사업은 니들이 알아서 해!"

나는 이때만 해도 "니들이 알아서 해!"라는 이재명의 말은 대장동 개발 사업에 참여했던 우리가 모두 포함된 줄 알았다. '니들'은 복수가 아니었다. 특정인을 지칭했다. 다름 아닌 '김만배'였다.

지정학 시대의 국가 모델

'지정학' 시대가 되돌아 왔다. 불과 얼마 전까지만 해도 '나치의 학문'이라며 터부시한 학문이었다. 중요한 개념 중 하나가 게르만족의 팽창주의 사상에서 연유한 '레벤스라움Lebensraum', 우리말로 '생활권' 정도로 번역한다. 히틀러는 이것을 "순수 아리아인의 생활권, 즉 레벤스라움을 만들어야 한다"라는 식으로 표현했다. 실제로 제2차 세계대전을 일으킨 핵심 사상이 레벤스라움이었다.

생활권은 간단한 개념이다. 사람들의 생활권은 자연스레 생활상과 연결된다. 18~19세기 도시에는 뭐가 필요했을까를 들여다보자. 현재의 우리는 추운 겨울에는 오리털 패딩을 자주 입는데 18~19세기 사람들은 그런 걸 입을 수 있었을까? 당연히 입지 못했다. 면섬유로는 오리털 패딩에서 삐져나오는 오리털을 막을 수 없기 때문이다. 오리털 패딩을 만들려면 합성섬유가 필요하고, 합성섬유를 만들기 위해서는 석유가 있어야 한다. 레벤스라움은 우리가 어떤 문명 속에서 어떻게 사느냐에 따라 달라진다.

제2차 세계대전 중에 독일은 레벤스라움을 얘기했는데 당시 생활상에서 가장 부족했던 것은 석유였다. 레벤스라움 내에서 자기 문명을 건설하려면 농토, 식량, 에너지, 인구, 자원, 시장, 노동력 등 온갖 것이 필요하다. 독일은 이런 것을 해결할 수 있는 레벤스라움을 만들려고 했다. 그때 가장 부족했던 것이 석유였다. 독일은 루마니아의 유전 지대, 더 나아가 카스피해의 유전 지대까지 뻗어가야 아리아인이 번영할 레벤스라움을 만들 수 있다고 판단했다. 이게 바로 지정학적 요소다.

세상에는 '제국 네트워크'라는 게 있다. 한마디로 '교역망'을 말한다. '면'을 예로 들어보자. 면을 생산하려면 먼저 목화 재배지가 있어야 하고, 엄청난 양의 물이 필요하다. 재배 과정에는 석유에서 추출한 다량의 비료와 농약이 필요하다. 가공해서 면으로 만드는 데에도 투입해야 할 여러 가지 화학 물질이 필요하다. 이 모든 것은 '제국 네트워크' 안에서 이뤄진다. 내가 레벤스라움 이야기를 꺼낸 이유는 현재 우리가 미국이라는 제국 교역망 안에서 살고 있음을 일깨우고, '중국몽'에 따른 '지정학적 두려움'이 절실해서다.

메가시티 건설에 주목하고 있는 요즈음, 생활과 경제 등을 기능적으로 연결한 이 거대 도시를 얘기하려면 과거를 돌아볼 필요가 있다. 18~19세기 생활상을 보면 당시 우리는 난방을 석탄으로 해결했다. 멀리 갈 것도 없이 초등학교, 아니 국민학교 때를 떠올려 보라. 학급 주번을 맡은 애들이 조개탄을 퍼 와서 난로에 불을 때던 시절을 경험했다. 그러니까 19세기 사람들이 어떻게 살았는지 궁금할 경우, 우리의 어린 시절을 떠올리면 이해가 쉽다.

19세기를 지나 20세기에 들어서면서 석유 시대가 활짝 열렸다. 20세기는 석유와 전기 시대로 석유 풍로와 등유를 떠올릴 수 있다. 많은 이들이 아파트는커녕 빌라도 아닌 연립주택에 살며 도시가스가 아닌 가스통에 충전한 가스를 쓰면서 살았다. 도시가스관 자체가 없던 시절이다. 난방에도 등유를 사용했다. 그 시설에는 간혹 등유 풍로가 엎어져 갓난아기가 화상 입은 사례도 있었다.

21세기로 넘어와서는 자동차마저 생활상이 석유 자동차에서 전기 자동차로 바뀌고 있다. 이동 자체에도 변화를 주어 15분 생활권이 나오고 있다. 대표적인 것이 사우디아라비아가 건설 중인 거대한 수직 도시 '더 라인The Line'이다. 이 수직 도시는 15분 생활권으로 15분 거리 공간을 엘리베이터를 타고 이동한다. 택배 같은 것도 평지 이동과 수직 이동 개념으로 이뤄진다.

즉, 지금 우리가 사는 세상의 생활권은 히틀러가 말한 레벤스라움 개념이 아니라는 점이다. 이제는 생활권 자체가 '제국'인 시대다. 자기 영역권을 생활권으로 보는 게 아니다. 그러한 제국 없이 석유 한 방울 나오지 않는 우리가 어떻게 석유를 소비할 수 있겠는가. 지금 대한민국은 제국 네트워크 속에서 살아가고 있다. 우리가 그 제국 네트워크에서 높은 수준의 부가가치를 누리며 살아가려면 어떻게 해야 할까?

그렇다. 메가시티에 있다. 메가시티의 기본이자 메인 에너지는 '전기'다. 전기를 생산하는 기반은 '원자력'이다. 우리는 이러한 메가시티에 필요한 건설과 원자력 생산을 주도하는 것은 물론 IT 설계, 교통, 나아가 AI 생활상을 만들어야 한다. 우리만의 메가시티 생활상을 만들어 다른 나라 사람들이 코리아처럼 살고 싶다는 생각이 들도록 해야 한다. 메가시티 생활상 자체를 수출하는 것이 우리가 선진국으로 도약하는 길이다.

메가시티론을 얘기할 때 나는 "대한민국은 21세기 문명의 새로운 종

대장동과 1공단 공원 만들기

합선물세트 같은 나라다"라고 말한다. 지금 지구상에서 원전을 짓고, 휴대전화를 만들고, 자동차도 제조하는 역할을 생산성 있게 다 해내는 나라가 몇이나 있는가.

우리나라 정치인들은 대체로 토건질을 좋아한다. 이왕 할 거면 제대로 된 신도시, 전 인류를 위한 새로운 생활상을 마련해 한류 규모를 더 키우는 게 좋지 않을는지. 전 세계 문명 선도 국가로 가는 우리만의 토건질을 보여 주는 게 좋겠다는 생각이다.

생활권이라는 레벤스라움 개념은 지정학적으로 매우 중요하지만, 우리는 정작 그것을 한껏 누리고 살면서도 세계사를 공부하며 이 부분을 배우지 않는다. '네트워크' 자체를 제대로 배우지 않는다. 오히려 '철도'를 다룰 때는 아이들에게 식민지 수탈 수단으로만 가르치고 있다. 철도는 물류 네트워크로 가르쳐야 한다. 개항 부분 역시 '흑선黑船이 와서 대포를 빵빵 쏘아대며 이뤄진 외교'라 제대로 배우지 않는다. '제국주의 열강이 대포를 쏴서 무력으로 개항을 요구하고 식민지 수탈을 했다'라고만 가르친다.

이것은 어디까지나 좌파적 개념이다. 개항은 항구를 열어 외국과 통상하는 것으로 시포트Seaport[22]든, 에어포트Airport[23]든 전부 네트워크다. 철도, 즉 레일로드Railroad도 마찬가지다.

네트워크가 우리 삶을 풍요롭게 해 주는 생활상을 생각해 보자. 그 대표적인 사례가 영국이다. 영국이 철도를 개설하면서 배를 이용해 외부에

22 항만.
23 공항.

서 들여온 물건과 어부들이 잡은 생선의 유통이 쉬워졌다. 19세기 영국 사람들은 생선을 즐겨 먹었다. 그때 생겨난 영국의 대표 음식이 '피시 앤드 칩스Fish and Chips'[24]다. 철도 네트워크 덕분에 신선한 생선을 쉽게 구하고, 대항해 시대 네트워크로 감자가 들어오면서 요리에 변화가 생겼다. 당시엔 냉동·냉장 시설이 없었다. 그런 시대에 염장하지 않고도 생선을 먹을 수 있었다는 건 신선한 충격이다. 영국의 대표 음식 피시 앤드 칩스는 네트워크에 기반한 문명 교류의 산물이다.

철도와 개항의 세계사적 의미를 놓고 우파와 좌파의 관점은 다르다. 우파는 이것을 제국 네트워크로 보고, 좌파는 식민지 수탈 수단으로 본다. 우리나라는 좌파 관점에서 가르치고 있다. 제국 네트워크와 레벤스라움 생활상을 제대로 보려면 사상 무장부터 다시 해야 한다. 그래야 중국과 미국의 패권전쟁도 눈에 들어온다.

중요한 것은 기술과 네트워크를 누가 장악하는가 하는 문제다. 기술과 네트워크는 한마디로 '플랫폼'으로 정의할 수 있다. 이제라도 우리는 후세에게 식민지 타령이나 하는 사고방식이 아닌, 제국 네트워크를 가르쳐야 한다.

케임브리지 대학 출판부에서 만든 케임브리지 세계사 시리즈 중 '제국과 네트워크'를 다룬 내용이 있다. 이 시리즈는 기원전 1200년에서 기원후 900년의 세계를 서술하고 있는데, 뒤에 가면 근현대 시대 네트워크의

24 흰 살 생선튀김에 감자튀김을 곁들여 먹는 음식.

대장동과 1공단 공원 만들기

산물을 다룬 내용이 나온다.[25]

여기서 내가 덧붙이고 싶은 것은 대한민국을 제국 네트워크 일원으로 만든 인물이 이승만이라는 점이다. 그는 한미 동맹과 외교 노력으로 대한민국을 제국 네트워크 일원으로 만들었다. 제국 네트워크의 일원이 되려면 먼저 공산주의 사상을 뿌리 뽑아야 한다. 공산주의 사상을 버리지 않고는 제국 네트워크에 편입할 수 없다. 이승만은 '대한민국은 제국 네트워크에 편입해야 한다'라는 건국 방향과 이념을 실행한 선각자다. 특히 나는 1980~1990년대 학번들에게 '국부 이승만은 우상으로 숭배할 만한 인물'임을 강조하고 싶다. 그가 대한민국을 제국 네트워크 일원으로 만든 덕분에 현재의 우리가 생활하고 있다는 사실을. 제국 네트워크에 들어가지 못한 대표적인 나라가 이란과 북한이다. 지금 두 나라는 어떻게 살고 있는가. 늘 자급자족의 결핍에 허우적거린다.

이 나라를 제국 네트워크의 일원으로 만든 인물이 바로 이승만이다. 좌파들은 어떡하든 이승만을 역사에서 지우려고 안달이다. 현재 대한민국이 안고 있는 비극 중 하나다. 우파하자. 우파가 진짜 지식인이다.

25　크레이그 벤저민(2023), 《제국과 네트워크》, 소와당.

7장

샅바 싸움하는
호반건설과
비밀에 부친 터널 공사

'시장이 원하는 1공단 공원화 비용 조달을
위해서는 충분한 개발 이익이 필요하다.
대장동 개발 사업비에서 서판교 터널 공
사비를 제외하고, 공동주택부지 용적률을
상향시키고, 임대주택 비율은 낮춰 달라.'

위례신도시 개발,
방법을 찾아라

내가 하는 모든 일은 정진상에게 보고했다. 누굴 만나고 무슨 일이 있었는지조차 다 보고하지 않으면 일이 진행이 안 됐다. 내가 뭐 하나라도 빠뜨려 실수라도 하는 날엔 더더욱 그러했다. 과정들을 모두 설명하고 보고해서 알 수밖에 없는 구조다. 물론 모든 것의 오더는 이재명이 내렸다. 다 그렇게 진행됐다. 위례신도시 사업도 마찬가지다. 1공단 공원화 공약과 함께 이재명의 공약 사항으로 마땅히 나는 그 일이 잘 진행되도록 해야 했는데 진행이 요원했다. 답이 없었다. 당시 그 땅을 갖고 있던 곳은 LH공사였다. 성남시가 이 땅을 개발하려면 LH로부터 땅을 사서 개발할 수 있는 사업권을 얻어야 했다. 그게 잘 안 됐다. 문제는 성남시의회였다. 자꾸만 발목을 잡았다. 성남시의회 의원 다수가 새누리당이었다. 2013년 3월까지 무려 5차례나 사업권을 올렸는데 올릴 때마다 다 부결시켰다. 이재명은 2013년 7월에 이렇게 선언했다. "위례신도시 개발 안 하겠다"라고. 나는 이재명이 위례신도시 개발을 포기한다는 말을 하기 훨씬 전에 남욱에게 위례신도시 사업을 할 방법을 찾아볼 것을 제안했다.

"민간업자랑 함께 위례신도시 개발을 하려면
LH로부터 땅을 사야 하는데 난제가 한두 개가 아니야.

한번 찾아봐, 방법을."

내 말을 들은 남욱은 알겠다며 알아본 뒤에 연락을 주겠다고
했다. 연락이 온 건 한참 뒤였다. 남욱으로서도 위례신도시 사업
으로 돈을 벌 수 있는지 없는지를 따져봐야 했을 터였다. 미래에
셋증권에 있는 아는 사람을 찾아가 수익평가를 의뢰했다. 얼마
후, 남욱은 미래에셋증권으로부터 좋은 결과를 받아 들고 좋아서
한달음에 달려왔다.

"형, 이 사업 같이해요. 개발하면 못해도 100억은 벌 수 있어요."

남욱은 미래에셋증권으로부터 받아든 수익평가서를 내게 건
네며 덧붙여 말했다.

"100억 벌면 형이랑 50억씩 나눠 써요. 중간에 필요하면 드릴
게요."

나는 뛸 듯이 기뻤다. 방법을 찾아준 남욱이 고마웠다.

"시장에게 수익평가서 보고하고, 함께 사업할 수 있게 힘쓸게."

그 길로 나는 시장실을 찾아갔다.

"얘들이 이런 거 도사예요."

나는 우리가 찾지 못한 방법을 찾아온 남욱과 일을 함께하면
되겠다 싶어서 이재명에게 그대로 보고했다. 이재명도 기분이 좋
았는지 별도로 준비하고 있던 백현 유원지 사업을 꺼내며 "얘네
들한테 맡기면 어때?"라고 물었다. 안 되는 일이었다. 그 사업은

임대 후 방식이라 아파트를 짓던 남욱이나 정영학에겐 리스크가 컸다.

2013년 9월, 나는 남욱에게 성남도시개발공사 유한기 사업본부장을 소개했다. 나는 유한기에게 "위례신도시 개발은 남욱이 맡았으니까 세팅하는 대로 도와줘라"라는 말을 했다.

탄력받은 남욱은 위례신도시 사업에 박차를 가했다. 개발권을 따내기 위한 작업에 들어갔다. 공개모집 준비를 위한 컨소시엄도 만들고, LH로부터 땅을 매입할 돈 마련을 위해 백방으로 뛰어다녔다. 토지 매매계약금으로 365억 원이 필요했다. 미래에셋증권과 한국투자증권을 설득해 일이 잘 진행되는가 싶었는데 갑자기 LH가 성남시에 최후통첩했다. "2013년 11월까지 토지 매매 계약을 하지 않으면 민간에 팔겠다"라는 거였다. 설상가상으로 남욱에게 투자하기로 했던 미래에셋증권과 한국투자증권이 투자를 못하겠다며 나자빠졌다. 위기가 찾아왔다. 그때 짜잔, 하고 나타난 구세주가 호반건설이었다.

샅바 싸움하는 호반건설

남욱으로선 호반건설이 원하는 대로 다 들어줄 수밖에 없는 상황이었다. 2013년 12월, '시공권'과

'시행이익권'까지 다 넘겨주고 사업이 잘 진행되는가 싶었는데 또다시 호반건설이 사업에서 빠진다는 말이 들렸다. 그때 정진상이 내게 못을 박았다.

"이거 잘못되면 네가 책임져라."

나는 책임지고 옷 벗겠다고 했다.

"야, 니가 직접 시장에게 상황 보고 해."

"그러죠."

나는 정진상의 말대로 상황을 보고하러 시장실로 들어갔다. 그런 나를 보고 이재명은 지방에 갈 예정이니 짧게 보고하라며 "차질 없게 해"라고 했다.

"네, 샅바 싸움하는 거 같습니다, 호반건설이."

나는 유한기 본부장으로부터 "건설사들은 원래 샅바 싸움해서 알까지 홀딱 벗긴 다음에 출발해요. 그런 습성이 있습니다. 안 하진 않을 겁니다"라는 말을 들은 게 있어서 나는 이재명에게 그렇게 보고했다. 아닌 게 아니라 남욱이 전화를 걸어왔다.

"형, 우리 꺼 다 (호반건설에) 뺏겼어요. 우리 꺼 싹 다 주고, 지분도 다 넘겨주고."

그 말을 들은 나는 그래도 "수고했다"는 말로 위로했다. 그래도 내 목숨을 건진 일이었으니. 그렇지 않았다면 나는 사표 쓰고 나왔어야 했다. 잘했다, 고생했다. 그렇게 말을 했다.

"형, 우리는 봉사해 준 일밖에 없어요."

그런 줄 알았다. 사달이 난 것은 2014년 1월, 김만배의 그 입이었다. 김만배가 전한 말은 남욱이 했던 말과는 영 딴판이었다.

"저 새끼들, 자기들 지분은 다 챙겼어.
너한테 거짓말 한 거야."

확인해 보니 정말로 김만배의 말이 맞았다. 남욱과 정영학에겐 지분이 있었다. 처음 만큼은 아니더라도 어느 정도는 챙겼다. 호반이 싹 다 빼앗은 것은 아니었다는 말이다. 내가 화가 났던 것은 다른 게 아니었다. 남욱의 말만 듣고 이재명과 정진상에게 "쟤들이 홀라당 벗고 우리를 도와줬다"라고 했는데 그 말이 거짓말이란 데에 있다.

김만배가 나를 강남의 한 술집으로 불렀다. 남욱이 잘 가는 술집이었다. 그때 나는 이재명이 "애네들에게 이것도 맡기면 어때?"라고 했던 백현 유원지 사업 건으로 코스모 임원과 저녁 자리를 함께할 때였다. 거나해졌을 무렵 김만배가 불렀다. 갔더니 그 자리에 김만배, 남욱, 정영학이 함께 있었다. 순간, 욱했다.

"너, 이리와." 정영학을 가리키면서 내가 말했다.

"너는 형이란 새끼가 그따위로 일을 처리하면 돼?"라고 하면서 나는 그만 감정을 실어 정영학의 귀싸대기를 날리고 말았다. 정영학의 무릎이 꺾이면서 그대로 주저앉았다. 태어나 처음 맞았다고

샅바 싸움하는 호반건설과 비밀에 부친 터널 공사

했다. 나는 거기에서 그치지 않고 이번엔 남욱을 가리키며 불러세
웠다. 한 대 치려는 순간, 남욱의 눈망울을 보며 차마 싸대기를 날
릴 수 없었다. 묘하게도 나는 남욱의 눈빛에 다른 감정이 이입됐
다. 깊고 맑은 눈빛에서 뭐라 형언할 수 없는 게 느껴졌다. 내 손
은 남욱의 뺨을 스치듯 지나치며 허공을 가르고 떨어졌다. 그것을
정영학이 봤다. 자신은 세게 얻어맞고 복잡한 감정이 뒤엉켰는데
남욱은 자신이 겪은 물리적인 게 비켜 가자 자신이 맞았을 때의
모멸감보다 더한 모멸감을 느낀 듯했다. 정영학의 눈빛이 몹시 흔
들렸다.

　뜻밖의 상황에 당황한 김만배가 어쩔 줄 몰라 했다.

　호반건설은 은행 마감 전에 돈을 넣지 않겠다고 버텼다. 남욱
의 설득으로 다음 날 은행 마감 직전에서야 위례신도시 개발 자
금을 은행에 넣었다. 결과적으로 위례신도시 개발은 2016년에
'푸른 위례 프로젝트'라는 이름으로 1,137세대의 호반건설 아파
트가 준공됐다.

　몇 년이 흘러 나는 호반건설 회장과 함께 호반건설이 운영하는
골프장에서 골프를 치게 됐다. 전직 대법관 한 명과 최재경도 함
께했다. 그때 나는 그 회장을 통해 위례신도시의 비화를 전해 들
었다. 당시 호반건설은 하나은행을 위례신도시 사업에서 손들고

나가게 하려고 했었다고 한다. 하나은행은 버텼고, 그것을 막아준 게 50억 클럽이었다고 했다. 그러면서 내게 "5년 전에 만났으면 좋았을 것을⋯⋯"하면서 아쉬움을 전했다.

"사업 이익의
퍼센트를 가져와!"

"남욱 변호사에게 돈 벌어주게 하려고 데려온 거 아니야?"

위례신도시 사업 관련 재판정에서 만난 '피고인' 이재명은 내게 따지듯, 추궁하듯 물었다. 설령 내가 남욱을 데려왔다 한들 그것이 부합한 일이 아니라면 청소미화원 한 명도 자신의 손으로 결정하는 사람이 따져보지 않고 일을 시켰겠나. 내가 데려온 것도 아니고, 모든 절차에 따라 최종 이재명이 선택한 사업파트너였다. 나는 당시의 직원들에게 책임을 묻지 않는다. 모든 것은 내 책임이다. 직원들은 내가 하자는 대로 했으니 말이다. 나 역시 마찬가지다. 내가 멋대로 했던 일은 단 한 건도 없다. 모든 것은 '위'였던 정진상과 이재명의 지시에 따랐다.

위례신도시 사업 건은 이재명이 갈피를 잡지 못하고 있었고, 나는 그 일의 전문가였던 남욱에게 방법을 찾게 했다. 그 과정에서 공무원으로서 알고 있던 것을 누설한 잘못이 있어 책임을 묻는 거라면 마땅히 책임져야 할 일이다. 그렇다고 하지도 않은 일을, 함께 일했던 사람들에게 책임을 물으며 빠져나가는 비겁한 짓은 할 수 없다.

이제 와 이재명과 정진상은 잘못한 것은 모두 내가 다 했다고 한다. 아니, 내가 이재명이나 정진상 오더 없이 어떻게 움직였겠나. 시청 공무원들이 내 말 듣고 움직였다고? 슬픈 일이다. 거짓말을 밥 먹듯 하며 사는 그 삶이 서 있는 곳은 지옥일 텐데. 이재명과 정진상은 내일을 살겠다고 지옥을 끌어다 오늘을 살고 있다. 인생은 행동으로 말미암아 바뀌는 것이지, 행동을 거짓의 생각으로 덧씌운다고 그 삶이 바뀌지는 않는다.

재판정에서 이재명의 생쇼는 이어졌다.

"내 눈을 속이려고, 수의계약 해도 되는 건데 수의계약 하지 않고 입찰에 부친 거 아니야?"

"수의계약 안 됩니다. 우리는 입찰밖에 안 됐어요."

재판정에는 마침 당시 위례신도시 개발 사업 실무를 담당했던 직원이 와 있었다. 나는 그 직원에게 물었다.

"위례신도시 사업, 우리 수의계약 가능했었어요?"

"그런 방법 없었어요. 그랬다간 쇠고랑 차죠."

"없지요?"

"없습니다."

이재명에게 물었다.

"수의계약 하는 방법이 뭡니까?"

내 질문에 이재명이 말했다.

"의견서로 내겠습니다."

의견서를 내겠단다. 없다 방법이. 대장동 개발 사업도 입찰방식으로 했는데 그럼 그것도 이재명의 눈을 가리기 위해 내가 입찰방식을 취했나? 말도 안 되는 소리를 해댄다. 수의계약이 가능한 일이면 수의계약으로 하지 뭐 하려고 일을 만들어 입찰하겠나? 위례신도시 사업은 입찰 말고는 방법이 없었다.

오히려 수의계약으로 할 수 있었던 것은 대장동 개발 사업이다. 환지 방식으로 추진했다면 수의계약이 가능했고, 성남도시개발공사가 할 일이 없어 리스크 없는 사업이었다. 이재명이 환지 방식이 아닌 수용 방식을 하는 바람에 그 사달이 났다. 김만배에게 사업을 밀어주기 위한 이재명의 선택이었다. 피식, 웃음이 났다.

대장동 사업은 민간업자들이 열심히 뛰어다녀 70%가량을 주민의 환지를 확보한 바람에 공동이득을 취했다. 그 사업으로 이재명의 대선 자금을 마련하게 된 거였다.

"사업 이익의 퍼센트를 가져와!"

그 말에 난 또렷하게 대꾸했다.

"우리 몇 퍼센트 갖기로 했습니다."

"됐어. 그 정도면 됐네"라고 했던 사람, 누굽니까?

쉿, 비밀!

2014년, 판교 테크노밸리 IT산업 단지는 입주업체 매출액 합계가 약 54조 원에 달해 한국의 실리콘밸리로 불리며 성공을 거둔 지 오래다. 이는 판교와 인접한 대장동에도 호재다. 다만, 대장동은 판교로 연결되는 북측이 산으로 막혀 있어 생활권이 분리된 상황이다. 서판교 터널이 개통되면 판교와의 접근성이 획기적으로 개선돼 대장동 가치가 크게 상승할 게 예상되었다.

2008년부터 성남시는 '도시기본계획'으로 판교와 대장동을 연결하는 도로 건설을 포함하고는 있었지만, 예산 부족을 이유로 2014년까지도 연결도로 건설을 위한 계획을 수립하지 못했다. 대장동 개발 사업이 수용 방식으로 결정될 무렵, 정진상은 이재명에게 몇 차례 김만배의 청탁을 전달했다.

'시장이 원하는 1공단 공원화 비용 조달을 위해서는 충분한 개발 이익이 필요하다.

대장동 개발 사업비에서 서판교 터널 공사비를 제외하고,

공동주택부지 용적률을 상향시키고,

임대주택 비율은 낮춰 달라.'

2014년 8월 중순, 나는 정진상의 요청으로 공사 담당자에게 '개

발계획 수립 용역 중간보고회 보고자료'에 '대장동 내 공동주택부지 용적률 상향과 임대주택 비율 하향조정, 서판교 터널 공사비의 성남시 적극 지원' 내용을 넣도록 했다. 이후 서판교 터널 개설 추진 실시계획인가 무렵인 2016년 11월 8일까지 비공개로 진행되었다.

용적률 150%에서 180%로 상향하고, 임대주택 비율은 25%에서 15%로 내려서 '대장동·1공단 결합 도시개발구역 개발계획 수립 및 전략환경 영향 평가서(초안)'를 공고했다.

도시개발업무지침에 따르면 수도권에 있는 공동주택용지의 경우 임대주택 비율을 원칙적으로 25% 이상으로 계획해야 한다. 25% 아래로 진행하려면 해당 지역 임대주택 수요 분석을 하고, 그 결과에 따라 필요한 경우에만 할 수 있다. 그런 절차도 없이 이재명은 김만배 등 민간업자 요청을 수용했다.

2014년 9월, 대장동 개발 사업에 대해 '수용 방식, 공동 주택 용적률 상향, 임대주택 비율 하향, 서판교 터널 개설'을 결정했다. 나는 이를 남욱 등 민간업자들에게 알려줘 공모를 준비할 수 있게 했다. 정진상의 지시였다.

살바 싸움하는 호반건설과 비밀에 부친 터널 공사

오, 안민석

2017년 5월 13일 안민석은 페이스북에 셋이 찍은 사진과 함께 이런 글을 올렸다.

> "제 옆에 있는 분이 박관천 경정입니다. 그는 일찍이 대한민국 권력 서열 1위 최순실, 2위 정윤회, 3위 박근혜라고 세상에 외쳤고 그 대가로 500일 감옥살이를 했습니다. 청와대가 정윤회 문건 파동의 진실을 밝히겠다고 했으니 박관천 씨의 억울함이 이제라도 풀리길 바랍니다. 그리고 그의 복직도 이루어져야 할 것입니다. 더 이상 용기 있는 내부자들이 억울한 일을 겪지 않는 정의로운 나라가 되길 바랍니다."

안민석은 이 글과 함께 사진을 올렸는데 여기에는 박관천 외에 한 명이 더 있다. 바로 봉지욱 기자다. 그는 JTBC에서 신학림 녹취록을 보도한 그 기자다. 그러면 우리는 여기서 '이들은 한패구나' 하는 생각을 해야 한다. 이들이 한패가 되어 장난질하는 것이다. 봉지욱은 과연 어떤 인물일까?

〈노컷뉴스〉는 2023년 9월 14일 기사의 헤드라인을 이렇게 뽑았다.

여기에 곁들인 'JTBC 尹 수사무마 사과 보도 허위, 용산에 큰 절'이라는 내용도 눈에 띈다. 〈뉴스타파〉 기자가 이렇게 나오는데 자기들이 밑장 빼다가 걸리면 꼬랑지를 확실히 감아야 할 것 아닌가. 〈미디어오늘〉은 2023년 9월 7일 기사에서 봉지욱 기자의 활약을 좀 더 보여 주는 헤드라인을 내보냈다.

봉지욱 기자 "JTBC 尹 '수사무마' 사과 보도가 오히려 허위"

봉지욱 기자는 자신이 진실을 얘기했다고 주장하는 거다. 그러니까 김만배-신학림 녹취록을 조작 보도한 당사자들이 자기네가 진실을 얘기하고 있다고 박박 우기는 중이다. 공개한 녹취록을 들어보면 윤석열이 커피를 타 준 것도, 조우형이 윤석열과 만난 내용도 없다. 그런데도 그들은 그 녹취록을 근거로 조우형과 윤석열이 만난 것처럼, 윤석열이 커피를 타 준 것처럼 보도했다. 이건 명백한 허위 보도 아닌가. 다른 녹취록이 또 있는 것도 아니면서 '자기네들 사과 보도가 오히려 허위다', '자기네들 보도가 진짜다'라고 우기는데 이거 너무 뻔뻔한 것 아닌가.

안민석이 올린 세 사람 사진이 그들의 뻔뻔함의 극치를 보여 주는 듯하다. 박근혜 탄핵부터 다른 것까지 박관천 경정과 이재명 쪽이 서로 소통했다는 것은 유동규도 이미 이야기한 바 있다. 자기들의 세팅으로 탄핵에 한 번 성공하더니 다시 세팅하면 이번에

도 국민이 속아 넘어갈 거라 여긴 것일까. 그들의 말은 두 번이고
세 번이고 의심해 봐야 한다.

8장

옹벽 아파트 위에
지어 올린 세상

2024년 2월 14일, 이재명의 지인이자 브로커인 김인섭은 1심에서 징역 5년에 추징금 63억 원을 선고받았다.
이재명 재판의 바로미터다.

특혜를 주려면 화끈하게

백현동 개발 사업의 핵심은 심플하다. 현재 부지는 아파트로 개발돼 있다. 그 자리는 원래 한국식품연구원이라는 공공기관이 있던 자리였다. 현재 한국식품연구원은 전북 완주에 있다. 노무현 정권 때 결정한 공공기관들의 지방 이전으로 한국식품연구원 역시 이전하게 됐다.

지방으로 이전을 위해 부지를 매각해야 했는데 매각이 안 됐다. 2012년 부터 2013년까지 무려 8차례나 유찰됐다. 땅 때문이었다. 한국식품연구원 자리는 개발이 제한된 자연녹지여서 아무도 그 땅을 사지 않았다.

2014년 1월에 조건부 매각 합의가 됐다. 개발이 가능한 용지로 바뀌면서 땅을 사겠다는 사람이 나섰다. 아시아디벨로프의 정바울이었다. 한국식품연구원으로선 땅을 팔기 위해 부지를 개발 가능한 용지로 바꿔야만 했다. 당시 그 권한은 성남시장이었던 이재명이 갖고 있었다.

한국식품연구원은 성남시에 2014년 4월과 9월에 2단계를 올려 용지 변경 신청을 했다. 일반 주거 지역으로 요청했다. 성남시는 두 번 모두 거절했다. 2015년 3월, 성남시가 갑자기 이를 승인했다. 2단계 올린 일반 주거 지역이 아니었다. 무려 4단계나 올린 준주거 지역으로 승인했다. 준주거 지역 승인은 주거 지역뿐만 아니라 상업 시설도 지을 수 있다. 높이도 2단계 올린 것보다 두 배

　　　　　　　옹벽 아파트 위에 지어 올린 세상

나 높게 지을 수 있게 된 거였다.

감사원이 감사에 들어갔다. 그 결과 '특혜'라고 결론을 내렸다. 급격한 혜택을 주면서 민간업자에게 3142억 원의 개발 이익을 줬다는 게 감사원 감사 결과다.

당시 많은 공공기관이 한국식품연구원처럼 개발 제한에 걸려 지방으로 이전하는 데 어려움을 겪었다. 국토부는 28개 지자체에 '지방 이전 공공기관 종전 부동산 매각 관련 협조 요청'을 했다. 그렇지만 어느 곳에서도 4단계나 올려서 용지 변경을 허가해 준 데는 없었다. 오직 성남시 한 곳뿐이었다.

"김인섭이 할 거야, 신경 써 줘!"

이재명은 용도를 변경해 주면서 민간업자에게 조건을 걸었다. 그 조건부 두 번째 조항이 공공성 강화를 위해 성남도시개발공사의 참여였다. 민간업자도 이에 동의했다. 나는 당연히 내가 있는 성남도시개발공사가 참여하는 줄 알았다. 2015년 9월에 사업 승인이 끝났다. 그때 이재명은 분명 내게 그런 말을 했었다.

"김인섭이 할 거야, 신경 써 줘!"

2016년 초쯤 문득 나는 관련 부서 직원에게 물었다.

"백현동 사업, 어떻게 돼 가고 있지?"

내 말에 직원이 난처해하며 말을 하지 못했다.

순간, 뭐가 잘못됐다 싶었다. 한달음에 시청으로 달려갔다. 달려가며 생각해 보니 2015년 9월, 사업 승인 이후 뻔질나게 드나들던 정바울이 코빼기도 보이지 않던 게 생각났다. 이것저것 조율할 게 많은데 보이지 않았다. 나는 당연히 우리 담당 직원과 조율하며 진행하는 줄 알았다.

시청에 들어가 담당 직원에게 어찌 된 영문인지를 물었다. "니들, 진즉에 빠졌는데?"라고 했다. 그 직원의 표정은 딱 그랬다. "이제 와 무슨 뚱딴지같은 소리?" 순간 당황했다. 시청 직원에게 뭐라 할 수도 없는 일이었다. 시장 측근이란 사람이 그걸 까맣게 모르고 있었다는 사실이 창피했다. "어어, 알았어~"라고 하고는 서둘러 그 자리를 벗어났다.

그러다가 이재명에게 보고할 일이 있어서 들렀다가 확인하듯 물었다.

"시장님, 우리(도시개발공사) 그 백현동 사업…… 빠졌던데…… 시장님 알고 계세요?"

나는 혹시나 공무원들이 농간부린 게 아닌가 싶어서 재차 물었다.

"혹시 그거 민간사업자랑 시가 하고 우리(도시개발공사)는 빠지기로 한 거, 시장님은 알고 계세요?"

옹벽 아파트 위에 지어 올린 세상

기습적인 내 말에 잠시 당황한 듯한 이재명이 말문을 열었다.

"느그들 빠지기로 한 게 옛날인데…… 몰랐냐? 인섭이 형이랑 정진상이 해가지고 느그 빠지기로 됐었는데?"

당시 이재명은 내게 답변은 해야겠고, 어떤 식으로든 답을 해야 하니까 살짝 고민하다 그렇게 말했던 거 같다. 시장실을 나온 나는 정진상을 향해 물었다.

"형, 우리(도시개발공사) 빠지기로 한 거…… 시장님이 얘기하던데…… 왜 나한테 얘기 안 했어?"

정진상이 눈살을 찌푸리며 말했다.

"시장한테 얘기했냐?"

그는 내가 물었던 핵심, 도시개발공사가 백현동 사업에서 빠진 이유에는 관심이 없었다.

"너, 그거 왜 시장한테 얘기했어? 나한테 얘기하지."

적반하장이 따로 없었다. 목소리 톤을 높여 버럭 화까지 냈다.

"야, 느그 직원들은 사업에서 빠진 거…… 언제 적 얘긴데…… 아직도 모르고 있노? 시청 공무원들이랑 소통도 안 하나?"

순간 나는 정진상이 몹시 화를 내는 걸 보며 '우리 직원들이 뭘 잘못하고, 진행할 거를 진행하지 않아서 빠지게 된 건가.' 당시에 나는 그렇게 이해했다. 회사로 돌아와 담당 직원을 불러 다그치듯 물었다.

"시청 공무원들이 하라는 거 하지 않아서 백현동 일 뺏긴 거 아니야?"

아니었다. 나도 우리 직원들도 일을 안 해 빠진 게 아니었다. 일 욕심이 많았던 내가 백현동 일에서 나가라고 하면 나가지 않을 거를 알아서였다. 나를 설득하고 이해하게 하는 일이 그들로선 몹시 귀찮았을 터였다. 정바울이 로비스트 김인섭에게 성남도시개발공사를 빼달라고 했고, 김인섭은 이재명에게 전달해 빼버렸다.

성남도시개발공사가 가져올 수 있었던, 지분 10%만 해도 최소 300억 원이 넘는 이익이었다. 이것을 고스란히 정바울에게 넘겨버렸다.

처음에 정바울의 아시아디벨로퍼는 세대 100%를 임대아파트로 짓겠다고 하고 사업 허가를 받았다. 성남시는 10%만 임대아파트를 짓고 90%는 일반 분양을 하도록 했다. 엄청난 특혜다. 명분은 아시아디벨로퍼가 기부채납, 성남시에 일부 돌려주는 땅의 양을 늘려줬다는 거였다. 명분이 있더라도 과분한 특혜가 아닐 수 없다. '타당성 조사'조차 하지 않았다. 정진상과 이재명의 사인으로 일사천리로 진행됐다. 감사원 발표에 의하면 특혜를 받은 아시아디벨로퍼는 기부채납으로 28억 원의 손해를 봤지만 641억 원을 더 벌었다고 했다.

　　　　　　　　　　　옹벽 아파트 위에 지어 올린 세상

허가방 '김인섭'을 위한
특혜였을까

백현동 옹벽 아파트 높이가 51.3m 나 된다. 아파트 11층을 가리고도 남을 높이다. 안전상 위법인데 도 성남시는 막무가내로 승인했다. 실제 법상으로는 산사태를 우 려해 옹벽이 15m를 넘어서는 안 된다고 명시돼 있다. 안 되는 그 모든 것을 뚫고 민간업자가 얻은 이익은 최소 1300억 원이다.

도시개발공사 미참여	314억 원
임대비율 축소	641억 원
기부채납 교환	291억 원

이재명은 왜 민간업자에게 이러한 특혜를 줬을까.

허가방, 브로커 김인섭 때문이다. 2005년부터 이재명과 김인섭 은 막역한 사이다. 2014년 4월과 9월에 한국식품연구원이 부지 용도를 2단계만 올려달라고 했는데 성남시가 거절했다. 갑자기 2015년 3월에 승인됐다. 2015년 1월에 김인섭이 아시아디벨로퍼 에 합류해 승인을 받아냈다.

당시 나는 정진상으로부터 '김인섭이 백현동 사업하는 거'니까 밑의 실무진들에게 얘기를 잘해 놓으라는 말을 들었다. 2014년과 2015년 백현동 개발 사업이 진행되는 동안 정진상과 김인섭은 무려 115차례나 통화했다. 단순히 특혜였을까?

이재명 측의 대장동 개발 사업의 수익금이 '저수지'에 있는 것처럼 백현동에도 또 다른 '저수지'가 존재할 거라 예측된다.

2024년 2월 14일, 이재명의 지인이자 브로커인 김인섭은 1심에서 징역 5년에 추징금 63억 원을 선고받았다. 인허가권을 쥐고 있던 이재명 재판의 바로미터다.

옹벽 아파트 위에 지어 올린 세상

백현동 사건 핵심 정리

백현동 용도 변경은 박근혜 지시였다며 이재명은 연일 헛소리를 찰지게 해댔다. 백현동과 관련해 늘 나오는 얘기가 옹벽이다. 여기서 쟁점은 왜 옹벽을 깎았느냐 하는 점이다. 인근에 성남공항 활주로가 있는데 그 일직선상에 해당 '옹벽 아파트'가 있다. 이 아파트는 활주로의 직선상에 있어서 공중으로 올라가면 안 된다. 아파트가 공중으로 올라가면 비행기 이착륙을 방해한다. 이처럼 아파트를 산 위에 지으면 비행기 활주로에 걸리기 때문에 산을 움푹 깎아 아파트를 지을 수밖에 없어 옹벽 아파트가 되었다. 인허가를 내주면 안 되는 거였다. 이 아파트가 옹벽 아파트라는 별칭으로 불리게 된 이유는 서울공항 때문이다.

정리하자면 이곳은 서울공항 활주로 직선상에 있는 부지라서 아파트가 공중으로 삐죽 솟으면 안 된다. 궁여지책으로 산을 50m 깎아 그 밑에다 아파트 터를 만들었다.

또 하나의 쟁점은 임대주택 10%다. 대한민국에서 공공주택을 지으면 임대주택 10%를 의무 사항으로 지켜야 하는데, 성남시는 10% 의무 사항을 지켰으니 불법이 아니라고 주장한다. 우리가 이 땅과 관련해 생각해야 하는 것은 자연녹지다. 자연녹지는 건폐율이 20% 이하다. 건물이 땅을 20% 이상 덮으면 안 된다는 얘기다.

자연녹지의 용적률은 50~100%다. 자연녹지 위에는 4층 이하 건물만 지을 수 있다.

원래 그 자리에 있던 것은 한국식품연구원으로 건폐율 20% 이하와 용적률 50~100%를 지킨 4층 이하의 건물이었다. 한국식품연구원 건물은 자연녹지에 들어가 있었다. 지금 그 땅이 산을 깎아 아파트를 짓는 바람에 밑으로 꺼져버렸다.

문제의 시초는 노무현 정부에 있다. 노무현 정부 때 혁신도시 개념이 등장하면서 서울과 수도권에 있던 정부 기관들을 지방으로 강제 이전했다. 당시 한국식품연구원도 전라북도 완주군 이서면으로 이사했다. 그 땅은 팔 수밖에 없었다. 문제는 그곳이 자연녹지라 제한 조건이 까다로워 개발이 어렵다는 데 있었다. 돈이 되지 않는 땅이었다.

그때 용도 변경 요청이 들어오면서 용도 변경 작업에 들어간다. 먼저 2014년 8월 21일 정바울 회사가 MOU 계약을 한 뒤 그 땅을 팔기 위해 성남시에 용도 변경을 요청한다. 성남시는 요청을 거부했다. 이것이 1차 거부이고, 같은 해 12월 18일 2차 요청도 거부했다.

그러던 중 2015년 1월 21일, 정바울은 성남시장 이재명과 친분이 있는 브로커 김인섭을 영입했다. 그로부터 한 달 뒤인 2월 24일, 성남시는 갑자기 정바울이 신청한 용도 변경을 받아주겠다고 나섰다. 세 번째 용도 변경 요청이 들어왔을 때 성남시는 이를 수락했다. 100% 임대주택 건설이 조건이었다. R&D 부지와 건물 기부채납이라는 용도 변경 조건 아래 준주거 지역으로 용도 변경을 해 주는 대신 임대주택 100% 건설에다 공공성 강화를 위해 성남도시개발공사도 참여해야 한다는 조건이 따라붙

옹벽 아파트 위에 지어 올린 세상

었다. 2015년 3월 30일의 일이다.

사실 이렇게 사업하면 돈을 못 번다. 당시 이재명과 정진상이 검토보고서를 결재할 때 일단 자연녹지를 준주거지로 용도 변경을 해 주었다. 준주거지는 건폐율이 70% 이하이니 20% 이하였던 건폐율이 3.5배나 뛰어오른 셈이다. 용적률도 50~100%에서 200~500%로 늘어났다. 아파트 건설이 가능해졌다. 성남시는 이 조건으로 그해 4월 2일 결재했고 9월 7일 준주거지로 용도 변경을 고시했다.

그 뒤 조건이 또 바뀌었다. R&D 부지와 건물 기부채납이라는 조건이 있었는데 업자가 그 건물을 지어 줄 수 없으니 그냥 땅만 제공하면 안 되겠느냐고 제안한 것이다. 여기에다 임대주택이 아닌 일반 분양을 제안했고 성남시는 2016년 1월 7일, 이를 수락했다. 개발계획이 임대주택 100%에서 일반 분양 90%로 바뀐 셈이다.

좀 정리를 하자면, 우선 4층 이하 건물만 가능하던 땅이 아파트가 들어설 수 있는 땅으로 바뀌었다. 그러면 기부채납은 어떻게 되었을까? 원래 R&D 부지와 건물을 기부채납하기로 했으나 건물을 제외해 사업자는 돈을 아꼈다. 기부채납은 아파트를 두른 공원으로 끝이 났고, 원래 건물을 지어 주기로 했던 R&D 부지는 건물 없는 땅으로 남았다.

이 아파트는 용도 변경 대가로 땅의 53%를 기부채납하고 나머지 47%에 아파트를 지었다고 하는데 이게 내막을 들여다보면 말이 안 된다. 무엇보다 쓸모없는 옹벽을 만들어 놨고, 공원이라고 하는 것도 가파른 계단으로 올라가야 한다. 사람들이 이용하지도 않는 공원을 만들어 놓고 기부채납을 받았다고 하는 것이다. 본래 R&D 건물까지 지어 주기로 했던 땅은 건물 없이 이름만 R&D라 부친 땅으로 남아 있다.

여기서 생각해야 할 것이 또 있다. 원래 임대주택 100% 조건이었고 공공성 강화를 위해 성남도시개발공사도 참여하기로 했는데 사업자를 위해 이것을 공공임대 10%에 일반 분양 90%로 바꿔 주었다. 어마어마한 특혜다. 어쨌거나 골프장 조망권을 갖춘 포레스트 아파트가 그곳에 들어섰다. 이곳 펜트하우스는 50억 원까지 매매가 이뤄지고 있으며 성남에서 최고가 아파트에 속한다.

왜 본래의 조건과 달리 용도 변경이 이뤄졌을까? 이재명은 박근혜 대통령의 지시였다고 말한다. 그가 주장하는 근거는 '혁신도시 조성 및 발전에 관한 특별법'이다. 이 특별법에 따르면 한국식품연구원 같은 정부 기관 이전으로 생긴 부동산은 처리할 때 판매하는 걸 권장한다. 당시 성남시는 국토부에 그 땅을 파는 것이 의무인지 아니면 용도 변경을 하는 것이 의무인지 물었다. 그때 국토부는 '알아서 하라, 적의 것 하라'는 답변을 보냈다. 여기서 적의適宜란 '무엇을 하기에 알맞고 적당하다'라는 뜻으로 그냥 알아서 적당히 하라는 지시였다. 그러니까 특별법에 따른 의무가 아니니 성남시가 알아서 판단하라는 대답을 해 준 셈이다. 박근혜 대통령이 지시한 게 아니라는 얘기다. 이재명은 용도 변경을 강요당한 일이 없었다. 그런데 이재명은 이 땅을 비싸게 팔려고 국토부가 용도 변경을 강요했다고 주장한다.

정바울이 자백한 바에 따르면 로비스트 김인섭이 요구한 200억 원 중 100억 원은 정진상, 나머지 100억 원은 이재명의 몫이라 생각했단다. 이것이 지금까지 나온 백현동 관련 문제를 정리한 내용이다. 내가 볼 때는 김인섭이 로비를 하고, 정바울 사업자가 돈을 제공하기로 하며, 이재명·정진상이 인허가를 내준 것으로 보는 게 타당하다. 물론 다른 생각을 하는 사람도 있겠지만 일단 백현동은 이렇게 정리할 수 있다.

9장

사업 주도권을
둘러싼
음모 그리고 반전

지방정치에서의 부패원인은 다양하다. 축재와 같은 사적 욕구에 의한 경우, 정치적 이해를 같이하는 집단에 대한 특별한 이익을 주려는 집단적 유인에 의한 경우가 있을 수 있다.

…… 결국 부패는 "우연이 발생하는(happens)" 결과적 사건이 아니라, 여러 가지 문제들이 얽혀 있는 "징후의 덩어리"라고 볼 수 있다.

(1999, 윤태범 논문, 74쪽 재인용).

_〈지방정치 부정부패의 극복방안에 관한 연구〉,

2005, 이재명, 석사 논문 내용 중에서

3억 원을 4041억 원으로
만드는 황금알 레시피

투자를 얼마나 해야 4041억 원의 수익을 창출할까. 대부분은 투자할 만큼 했으니 수익이 발생하지 않았을까를 떠올린다. 아니었다. 4041억 원의 돈을 번 그들의 투자금은 총 3억 원이다. 저승사자도 와서 놀라자빠질 지경이다. 어떻게 이런 이익 구조가 가능할까. 성실하게 사는 국민에겐 상대적 박탈감을 가져온 대장동 사업 투자자들의 이익 배당이다. 아닌 게 아니라 시간이 흐르면서 궁금증은 의혹이 되었고, 의혹은 성큼 현실로 다가왔다. 단군 이래 최대 치적이라 까발리던 이재명의 입은 곧 국민을 속인 현실의 대가를 마주하게 될 테다. 단군 이래 최대의 뇌물죄로!

2015년 3월, 대장동 사업을 진행한 특수법인 '성남의뜰' 지분은 2015년 3월에 다음과 같이 공개됐다. 화천대유는 대장동 특수법인 성남의뜰 돈을 관리하는 자산관리사로 화천대유에서 돈을 관리한다. 천화동인은 화천대유의 자회사다.

210쪽 그림의 지분대로 투자하고 배당을 가져갔다. 검정색 바탕은 '우선주', 우선 투자하고 우선 배당을 가져갈 수 있다. 보라색 바탕은 '보통주'다. 도시개발공사가 절반의 우선주를 갖고 있다. SK증권과 화천대유는 보통주. 그런데 보통주 대부분이 SK증권이

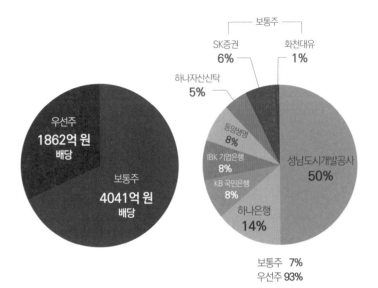

우선주
1862억 원
배당

보통주
4041억 원
배당

보통주
보통주 **7%**
우선주 **93%**

SK증권
6%

화천대유
1%

하나자산신탁
5%

동양생명
8%

IBK 기업은행
8%

KB 국민은행
8%

하나은행
14%

성남도시개발공사
50%

천화동인
1호는 누구 꺼?

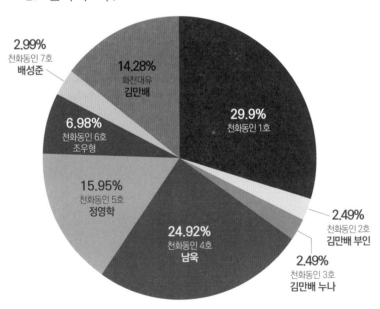

2.99%
천화동인 7호
배성준

14.28%
화천대유
김만배

29.9%
천화동인 1호

6.98%
천화동인 6호
조우형

15.95%
천화동인 5호
정영학

24.92%
천화동인 4호
남욱

2.49%
천화동인 2호
김만배 부인

2.49%
천화동인 3호
김만배 누나

성남의뜰 보통주

차지하고 있는데 모두 SK증권 지분은 아니다. SK증권에다 수익을 내달라며 신탁한 사람들이 여럿이다. 천화동인 1호에서 7호까지. 그러니까 SK증권에는 7명의 신탁자가 존재한다. 1%는 화천대유가 갖고 있다.

그림상으로는 93%의 우선주 지분이 훨씬 많다. 배당 금액은 얼마일까? 1862억 원이다. 보통주는 그림상으로는 7%밖에 안 되는데 배당 금액은 4041억 원을 받았다. 대장동 사업 의혹은 여기에 있다.

우선주는 말 그대로 먼저 이익을 가져가게 돼 있는, 정해진 것만큼만 가져간다. 사업에서 손해를 봐도 그만큼은 가져갈 수 있게 보장돼 있다. 반면에 사업이 잘돼서 수익이 훨씬 많이 났다 해도 정해진 것 외에는, 즉 초과 이익은 가져갈 수 없다. 그 몫은 모두 보통주가 가져가게 짜인 것이 대장동 사업 구조다.

이재명은 이 부분에 대해 피의자 신분으로 재판정에 출석해 "고정값으로 성남시의 이익을 가져가려고 했다. 이렇게 초과 이익을 낼지 몰랐다"라고 했다. 새빨간 거짓말이다. 공모 이후 대장동 사업은 누가 봐도 점점 좋아졌다. 누가 봐도 보이는 게 이재명의 눈에만 안 보인다? 조국의 말마따나 '알았으면 공범이고, 몰랐으면 무능이다.' 민간업자에 대한 특혜가 거의 땅 짚고 헤엄치기 수준이 아니었나. 용적률을 높여야 할 땐 두말없이 높여 줬다. 터널이 필요하면 터널도 뚫어줬다. 심지어 임대아파트도 축소해 줬다. 이쯤 되면 누가 봐도 대장동 개발 사업은 민간업자에게 단순히 특혜만 줬다고 믿을 사람은 없다. 그렇다. 보통주 안에 이재명의 지분이 있지 않고서야 어찌 이런 일이 가능한가. 그게 천화동인 1호다.

'동규, 너, 개, 그 새끼'라 쓰고 '그분'이라 부른다

대장동 개발 사업은 상상 외로 초과 이익이 발생했다. 이익은 성남의뜰 보통주가 모두 배당받았다. 그렇게 가져간 배당이 4041억 원이다. 지분 구조를 보면 천화동인 1호 김만배, 2호는 부인, 3호는 누나, 4호는 남욱, 5호는 정영학, 6호는 조우형, 7호는 배성준(화천대유는 김만배 소유). 총 합치면 49%로 거의 절반쯤 해당한다.

정영학의 녹취록에선 그 천화동인 1호 실소유자가 나, 유동규인 것처럼 보인다. 실제로 그런 뉘앙스의 대화가 오간 부분들로 편집돼 있다. 김만배의 700억 약정설도 등장한다. 정영학의 진술이나 남욱의 자필 메모 등의 정황에서도 천화동인 1호 실소유주는 '나' 유동규다.

그러다가 이게 뭐지? 하는 내용이 등장했다. 녹취록에 김만배의 "내 지분의 절반은 그분 것"이라는 데가 있다. 어라, 뭐지? 그제야 사람들이 고개를 갸우뚱했다. 김만배가 나를 '그분'으로 부른다는 게 납득이 안 돼서다. 김만배는 녹취록에서 나를 이렇게 불렀다.

동규, 걔, 너, 그 새끼.

김만배가 머리에 총 맞지 않고서야 어떻게 나에게 '그분'이라고 하겠나? 65년생 김만배가 69년생인 나에게 '그분'이라고? 그런데도 이재명과 김만배는 '그분'이 나인 것처럼 대놓고 조작했다.

2014년 12월까지만 해도 대장동의 지분 구조는 남욱의 주도하에 '서판교 자산관리' 이름으로 짰다. 나랑 같이 위례신도시 사업을 했던 성과가 있었던 것도 한몫했다.

그때의 지분 구조는,

남욱   45%
김만배 25%
정영학 20%
조우형 10%

보시다시피 남욱의 지분이 가장 많았다. 김만배의 지분은 애초에는 10%였는데 성남도시개발공사 조례안을 성남시의회에서 통과시키는 과정에서 로비했던 공을 인정받고, 또 내(우리) 몫도 조금 챙겨야 한다는 이유로 25%까지 가져가게 됐다.

사실 입때까지만 해도 이재명의 지분은 별로 없었다. 변수가 생겼던 거였다. 2014년 12월, 남욱과 정영학을 김만배가 탐앤탐스로 불러냈다. 그 자리에서 김만배는 청천벽력같은 말을 했다.

"이재명 시장이 남욱, 네가 대장동 사업에 껴 있으면
사업권, 안 준대. 내 명의로 해야 돼."

당시 남욱은 초창기 대장동 사업, 성남시와 무관하게 진행할 무렵에 대출받았던 자금이 있었는데 그게 변호사법 위반에 걸리는 바람에 검찰 수사를 받는 중이었다. 검찰 수사를 받는 사람에게 사업권을 줄 수 없다는 게 이재명의 말이었다. 어처구니없다. 현재 이재명의 처지를 보면 이런 말을 할 자격이 되나? 당시 남욱은 범죄 혐의가 하나였지만, 현재 이재명 당신은 몇 개인가. 두 손의 손가락이 모자랄 지경이다. 결국 이 농간은 남욱으로부터 사업 주도권을 빼앗기 위한 핑곗거리였다. 김만배 그리고 이재명 둘의 버라이어티한 합작품. 기억이란 게 그렇다. 당시로는 몰랐던 것을 한 걸음 떨어져 들여다보면 보이게 해 주는 쓸모있는 화학 작용 결정체다.

김만배의 느닷없는 기습에 남욱은 속수무책이었다.

"내가 다시 구조 짠다,

대신 35%는 챙겨줄게."

남욱으로선 억울했지만 울며 겨자 먹기 식으로 사업 주도권을 김만배에게 넘겨줄 수밖에 없었다. 지분도 줄어들고 주도권도 빼앗기게 생겼지만 남욱으로선 달리 방법이 없었다. 인허가권을 거머쥔 자가 그렇다고 하잖나. 또 당시 남욱이 검찰 수사를 받는 상황에서 김만배의 도움을 받는 터라 이래저래 선택의 여지는 없었다. 남욱은 이때의 심정을 이렇게 말했다.

"그해 초, 성남시장 선거 때 내가 (시장 측에) 자금 건넨 걸

폭로라도 할까 봐, 오히려 그 정도 지분을 남겨둔 게 아닌가 싶습니다."

김만배는 곧바로 자산관리사인 화천대유를 설립해 대장동 사업 지분 구조를 다시 짰다. 그때 짠 지분대로 공모하고 신청했다. 지분 구조를 보면 남욱이 짰던 것과는 한참 다르다. 김만배 지분이 엄청나게 늘었다. 천화동인 1호 때문이다. 당시 김만배가 이렇게 말했다.

"이 지분은 이재명 시장 측 지분이야.

내 꺼 아니야."

사업 주도권을 둘러싼 음모 그리고 반전

시간이 흘러 "천화동인 1호는 누구겁니까?"라는 질문이 장맛비처럼 쏟아지자 모두가 헛발질이다.

김만배는 '내 꺼'.

정진상은 '유동규 꺼'.

이재명은 '모르겠다'.

남욱은 '이재명 시장 측 꺼'.

남욱을 제외한 모두는 거짓말했다. 눈 가리고 아웅이다.

엿장수 가위질도 아니고

2015년 2월, 공모 직전이었다. 이번에도 김만배가 강남의 한 술집으로 나를 비롯해 남욱과 정영학을 함께 불러냈다. 그 자리에서 김만배는 이렇게 말했다.

"야, 남욱 변호사! 너 지분 말이야, 25%만 하자."

뜬금없는 김만배의 말에 남욱은 엄청 화를 냈다. 그도 그럴 게 이건 뭐 놀리는 것도 아니고, 대체 어떤 사람이 그 상황을 이해하고 받아들일까. 45%였던 지분이 불과 몇 달 사이에 거의 반 토막 직전이었다. 25%라니. 그런 남욱에게 김만배가 다시 불을 댕겼다.

"네 지분이 비록 25%라고는 하지만, 그래도 민간업자 지분 중에 가장 많은 거야, 네가!"

뭔 소리? 김만배 네 지분이 훨 많거든!

김만배는 타인의 기분을 조금도 배려하지 않았다. 남욱의 반응도 보기 전에 다음 말을 이어갔다.

"내 꺼 중에 37.4%는 이재명 시장 측 지분이야. 내가 갖는 게 아냐!"

말하자면 김만배의 49% 지분 중에 37.4%는 숨긴, 숨겨 놓은 지분이라는 거였다. 당시 김만배의 말은 사실이다. 그때 김만배가 내게도 같은 말을 했다.

"내 지분에다가 동규 네 지분을 늘려서 이재명 측 지분을 숨겼어. 확정되면 갖다 써."

천하의 김만배라도 이재명의 허락 없이 그런 말을 어찌 뱉겠나. 김만배의 말이 거짓이라면 내가 이 상황을 다시 정진상에게 전했을 때 사달이 나도 그때 났을 터였다. 이재명 측, 정진상이 김만배에게 했던 말이었다. 안테나를 바짝 세우고 계산해 보자. 지분 49% 중에 이재명 지분이 37.4%이면 본인 지분은 11.6%다. 이 지분은 천화동인 1호를 제외하고 남욱과 정영학 다음의 보유 지분이다. 최종적으로는 남욱 24.92%, 정영학 15.95%, 김만배 14.28%로 이재명 측 지분을 빼면 자연스럽다.

김만배로선 '인허가권'이란 막대한 권력을 쥔 이재명의 비호 아래 대장동 사업의 주도권을 갖게 됐으니 더할 나위 없는 일이었다. 이재명 측 역시 남욱이 짰을 때보다 훨씬 많은 지분이 생겼으니 땅 짚고 헤엄치는 의기투합 구조다.

반전의 반전을 거듭한 끝에 2015년 3월, 마침내 대장동 사업자들은 그 지분대로 선정됐다.

그 직후 김만배는 우리(나·정진상·김용)에게 이렇게 말했다.

"야, 37.4%를 30%로 줄이자. 대신 필요할 때 갖다 쓰면 되잖아."

그 말에 정진상이 이렇게 말했다.

"그 돈, 저수지에 넣어둔 돈이야. 뭘 갖다 써."

저수지 돈은 어디에

2020년 10월, 정진상은 저수지의 돈을 꺼내려고 했다. 이재명이 대선 후보 경선에 나섰던 때다. 정진상은 내게 김만배로부터 20억 원을 가져오라고 했다.

대장동 개발 사업에서 '우리' 몫은 1000억 원. 얼마가 됐든 김만배에게 우리는 그만큼만 받으려 했다. 이재명의 대선 자금용이란 걸 전했고, 김만배도 알고 있었다. 그러다가 700억 원이 된 것은 그즈음 김만배가 50억 클럽을 작업 중이고 6명에게 들어가는 비용이 300억 원이라고 했다. 처음에 김만배는 그 금액을 남욱 등과 같이 공동비[26]를 걷어 쓰겠다고 했다. 내 생각엔 그런 이야기를 남욱이나 정영학에게 해서는 안 될 듯하여 '우리가 300억 원을 내겠다'라고 했다. 당연히 정진상이 허락한 상태였다. 그렇지만 계산할 게 더 남았다. 직전, 이재명 공직선거법 재판 거래를 하며 들어간 비용은 예상했던 것보다 많았다. 처음엔 50억 원 정도만 들거라 했던 게 180억 원을 썼다. 거기에 정진상이 요구한 20억 원 중 김만배가 5억 원을 먼저 해줬는데 5억 원을 현찰로 바꾸는 데 들어간 비용이 10억 원이었고, 이것저것 빼고 남은 게 428억 원이 됐다. 그런 상태에서 안 들키고 우리 측에게 넘길 방법을 연구 중이라고 했다.

2021년 2월, 정진상은 대선 자금이 필요하다며 김만배에게 다시 돈을 요구했다. 김만배는 이번에도 남욱을 찾아갔다.

"내가 이재명 시장 측에 절반을 돌려주게 생겼는데 네가 좀 해결해 봐."

명의신탁 해지 소송을 하라는 거였다. 논란이 되는 돈이 천화동인 1호이고, 명목상 김만배가 소유한 거로 돼 있는 것을 남욱이 해지 소송으로 찾아간 다음에 그거를 정진상에게 건네라는 거였다. 남욱으로선 쉬운 일이 아니었다. 무섭다며 이를 거절했다.

지금 대장동 저수지의 돈은 김만배에게 있다.

---

26 대장동 민간업자들이 각종 부대비용을 처리하기 위해 내놓는 돈.

전장연 문제는

인터넷 매체 〈비마이너〉는 내가 전장연 때부터 많이 활동하던 매체다. 이들은 장애인의 탈시설과 자립생활 보장에 관심이 많다. 〈비마이너〉는 2023년 1월 31일 이런 헤드라인 기사를 올렸다.

예산 문제 쏙 빠진 윤석열표 장애인 이동권

여기에 덧붙여 '장애인 이동 편의 증진 특위, 6개월 활동 종료'라는 내용도 싣고 있다. 실제로 2022년 9월 26일 대통령 직속 자문위원회인 국민통합위원회 주도로 장애인 이동 편의 증진 특별위원회가 출범했으나 6개월 만에 종료되었다. 이들은 6개월 동안 여러 활동을 했는데 그들 중에는 세계보건기구 본부 건강 노화 컨소시엄 전문위원인 한지아 교수도 있다. 직책이 상당히 높은 그녀는 이런 말을 했다.

"작년에 지하철 시위가 화두가 됐다. 그때부터 모두가 당연히 누려야 할 이동의 자유를 장애인은 누리지 못한다는 인식이 확산했다. 그런데 시위가 장기화하고 시위 방식에 대한 논란이 생기자 이동권이 불편한 사례로

회자됐다. 모두를 위한 자유가 부정적으로 비쳐 안타까웠다. 모두를 위한 이동의 자유가 어떤 사안에 의해 좌지우지되지 않고 정부의 노력으로 공정한 사회가 되기를 바란다."

서울지하철 장애인 이동권과 우리나라의 저상버스, 장애인 콜택시, 대한민국의 이동권과 관련해 더 개선할 여지는 분명 존재한다. 엘리베이터를 설치할 수 없는 몇몇 역을 빼놓고 엘리베이터 설치율이 97%에 달하고 암벽도 설치했는데 한지아 교수는 지하철에서 이동권 시위를 하는 걸 두고 탈시설을 인식하지 못하고 있는 게 아닌가. 이런 분이 국민통합위원회 위원이자 '자살 위기 극복 특위' 위원장이다.

실제로 대한민국 국민의 자살률은 심각하다. OECD 1위를 차지할 만큼 우리 사회의 심각한 문제다. 자살 위기 극복을 위한 정책이 당연히 필요하다. 김건희 여사도 자살 시도자 구조 경찰 간담회에서 "한국의 자살률은 세계 1위"라며 "자살의 9할은 사회적 타살 측면도 있다"라고 했다.

이 모든 활동은 긍정적인 일이지만 나는 전장연의 전국민중행동과 탈시설 문제, 탈시설 과정에서 죽은 사람, 탈시설에 국가 예산을 어느 정도 부담하는지 등 세세한 부분에서 정부와 국민의힘이 무엇을 추진하고 있는지 알고 싶다. 아무도 이것을 귀담아듣지 않고 제대로 추진하지 않는 상황에서 서윗한 분들이 이렇게 일하는 것은 좋다. 119 자살 예방 상담 전화번호를 109로 통합하는 것도 마찬가지다. 그런데 이런 일을 하는 위원장이나 다른 분들이

사업 주도권을 둘러싼 음모 그리고 반전

너무 서윗해서 전장연이 강하게 주장하는 것을 가로막은 나로서
는 많이 서운하다. 모든 건 윤석열 정부의 집권을 위한 행동이었
다. 이제라도 국민통합위원회는 전장연을 반대하는 사람들의 이
야기를 귀담아듣고 그들에게 힘을 실어 주었으면 좋겠다.

10장

당신들의
행복한 시간

"1공단 공원화 재판이랑
공직선거법 재판.
내가 뒤집었어."

악마는 프라다를
입지 않는다

2011년 11월, '철거민들에 의한 시장 집단폭행' 기사가 나왔다. 판교신도시 재개발 사업으로 철거민이 된 사람들이 성남시청으로 이재명을 찾아가 만남을 요구하는 과정에서 빚어진 일이었다. 이재명은 시장이 되기 전 수임료 2300만 원을 받고 그 철거민들의 변호를 맡았다. 철거민들 말에 따르면 이재명은 철거민들을 위한 변호 활동을 제대로 하지 않아서 보상 문제 재판에서 패했다고 했다. 철거민들은 당연히 자신들의 변호를 맡았던 사람이 시장이 됐으니 만나기를 희망했고, 그 과정에서 충돌이 벌어졌다.

철거민 중의 한 사람이 이재명에게 달려들어 멱살을 잡으려 했다. 순간 이재명은 같이 싸우기라도 할 듯이 팔을 크게 휘둘렀는데 그것을 옆에 있던 공무원이 저지했다. 말하자면 철거민과 이재명과의 직접적인 신체 접촉은 없었다. 다음 날, 이재명은 오른팔에 떡하니 깁스하고 나타났다. 시청을 방문했던 철거민에겐 폭행혐의로 고발했다. 그러고는 깁스한 사진을 SNS에 올리며 '단체장에 대한 폭력은 민주주의 파괴'라며 피해자 코스프레를 했다.

이재명은 늘 그 입이 말썽이다. 민주화 운동에 대한 미안함으로 판검사를 포기하고 변호사가 되었다고 말하곤 했다. 이건 아무래도 자신의 형인 이재선 회계사의 이력을 석사 논문 복사하듯 복사해 자기 이력에 붙여넣은 듯하다. 어떤 사람도 이재명이 민주화 운동에 참여했다는 걸 본 사람이 없다. 이재명 외엔.

또 입만 열면 인권 변호사라며 자랑하듯 떠들어댔다. 인권 변호사? 지나가던 개도 웃을 일이다. 인권 변호를 맡았다는 얘기를 들어본 적이 없다. 조폭 변호를 주로 맡았다고 하면 수긍하겠다. 처음에 내가 전해 듣기로는 이재명이 인권 변호를 많이 했다고 해서 그런 줄 알았다. 아니었다. 장애인 단체에 부탁해 '장애인들을 위한 무료 변론'을 했다는 '허위 봉사 활동서'[27]를 만들어 민변에 제출하고, 시장 선거에 출마하면서 자신을 '인권 변호사'로 어필했다. 어디, 이재명으로부터 인권을 위한 변호를 받은 사람 손? 혹시, 설마 오른손이 하는 일을 왼손이 모르게 했나. 그럴 리가.

이재명은 조폭과 살인범들을 변호했던 것만 알려져 있다. 헤어진 여자친구와 어머니를 칼로 18차례 찔러 살해한 성남 국제파 조폭인 자신의 조카를 변호하지 않았나. '데이트 폭력'이며 '심신 미약'이라 우기며. 그뿐인가. 동거녀였던 여성을 그녀의 어린 딸 앞에서 농약을 강제로 마시게 한 다음에 배를 8차례나 찔러 잔혹하게 살해했던 자 또한 변호하지 않았나. 이재명은 이 자에게도 '심신 미약'이라 변호했다. 대체 이재명은 어떤 범행을 저질러야 '심신 미약'의 범위를 벗어난 범죄 행위로 인정할 것인가. 자기

---

27 성남시의원, 정기영이 속했던 장애인 단체에 부탁해 받음.

가 변호를 맡았던 '잔혹한 범행'을 모두 심신 미약이라고 주장하다 보니 현재 자기가 저지른 모든 범죄 혐의를 아무것도 아니라고 치부하는 건 아닐까.

이재명은 이외에도 또 다른 자기 조카를 포함해 3명의 흉악범을 추가로 변호한 적이 있다. 모두 성남 국제파 조직원들이다. 이쯤 되면 인권 변호사가 아닌, 조폭 전문 변호사 아닌가? 실제로 성남 국제파 조직원이었던 박철민은 조직원들이 이재명을 '보스'라고 불렀다는 증언을 했다. 파타야 살인 사건의 범인도 국제파 조직원인데 그의 해외 도피를 도운 게 이재명이다. 차라리 이재명은 어둠의 세계를 돕는 전문 변호사 직함이 딱이다. 그런 자가 거대 야당의 대표를 하고 있으니.

선거 전날, 반드시 하는 일

"신영수(이재명 상대 후보) 동생 말이야. 시장님이 형수한테 했던 욕설…… 그거 불법 음성 파일 유포한 혐의로 검찰에 기소 의견으로 송치됐다는데, 이거 YTN에서 선거 전날 보도되면 좋겠는데……."

2014년 6월 2일, 생각이 많은 표정의 정진상이 내게 다가와 던진 말이었다. 지방 선거를 코앞에 둔 시점에 SNS는 이재명의 형수

욕설 파일로 시끄러웠다. 나는 남욱과 함께 그것을 희석하는 작업을 했다. 나는 정진상의 말을 남욱과 의논했다. 남욱은 YTN 배성준에게 부탁했고, 배성준은 그의 후배 기자에게 100만 원을 주고 기사를 쓰게 했다. 남욱이 내게 6월 3일에 기사가 나온다는 귀띔을 했다. 그 말을 들은 나는 바로 정진상에게 보고했다. "형, 그거 선거 바로 직전 터지게 될 거다."

선거 하루 전, 실제로 YTN에서 다음과 같은 기사가 나갔다.

"성남시장 (신영수) 후보자 불법 음성 파일 유포 적발"[28]

위 제목의 기사로 신영수 후보 동생이 이재명 후보가 형수에게 욕설하는 음성 파일을 유포해 검찰에 기소 의견으로 송치됐다는 기사를 내보냈다. 기사가 나가자 정진상은 "최고다!"라며 뛸 듯이 좋아했다. 이재명도 기사가 올라온 지 얼마 안 돼 자신의 트위터에 기사를 소개했다.

신영수후보 친동생 불법음성파일 유포혐의로 경찰수사후 경찰에 기소송치(ytn 보도).

28 〈YTN〉, 2014년 6월 3일 오전 11시.

나는 기사가 올라온 것을 이재명에게 전달하면서 '남욱이 배성준 기자를 통해 기사를 낸 것'이라고 덧붙였다. 이재명이 "남 변호사가 고생했네"라고 말했다.

그때까지만 해도 나는 그게 정진상이 흘린 거짓 정보인 줄 몰랐다. 나중 신영수 후보 측에서 YTN 기자를 고발하면서 거짓 정보라는 걸 알았다. 거짓 정보가 다만 정진상에게서 나왔겠나. 이재명이 모를 리 없는데도 그 기사를 버젓이 자신의 트위터에 올렸다. 이후 나는 신영수 후보에게 정중히 사과했다.

당시에 신영수 후보만 시장 선거에 출마했던 것은 아니었다. 허재안 후보도 출마했었다. 이재명 캠프의 백재기는 허재안 후보에게 자진 사퇴를 요구했고 대가로 '성남도시개발공사' 사장직을 제안했다. 백재기는 그 일로 구속됐다가 김만배 도움으로 집행유예를 받고 풀려났다.

자, 김만배가 이재명과 함께한 이후에 모든 범죄 행위의 패턴은 같다. 설령 시작이 다른 형태라도 마무리는 언제나 김만배였다. 즉, 이재명에게 있어 모든 범죄의 마무리는 김만배다.

29　이재명 트위터. 오후 1:25 · 2014년 6월 3일.

SPP와의 소송,
대법원에서 뒤집다

대장동과 한참 떨어진 1공단을 결합개발을 하게 되자 원래 1공단을 개발하려고 했던 개발사 SPP가 성남시를 상대로 소송을 걸었다. 진즉에 SPP에 1공단 개발 사업 허가를 내줬던 것을 성남시가 일방적으로 취소해 버렸다. SPP 측은 자신들이 1공단을 개발하고 있는데 왜 사업 취소를 했냐며 성남시의 잘못된 행정으로 막대한 손해를 봤다 해서 손해 배상 소송과 행정 소송을 걸었다. 1심에서는 성남시가 이겼지만 2심에서 패했다. 방심하고 있다가.

2016년 2월, 성남시는 결합했던 1공단 부지 개발과 대장동 개발 사업을 다시 분리해 추진했다. 혹시 대법원에서 패소할 것에 대비하기 위함이었다. 대법원에서 패소해 1공단 사업을 하지 못하게 되더라도 대장동 사업만큼은 그대로 진행하려 했다.

그런데 뒤집었다. 대법원 판결은 '자기 파기'였다. 성남시가 이긴 거였다. 여기서 이 판결을 눈여겨봐야 하는 이유는 2심에서 패한 재판을 대법원에서 뒤집었다는 점이다.

자, 이재명 관련 2심에서 패하고 대법원에서 뒤집은 재판이 또 하나가 있다. 이재명의 공직선거법 재판. 2018년 5월, 경기도지사 선거 토론회에서 형 이재선에 대한 정신병원 강제 입원 건을 거짓말했다가 고발당한 건으로 2심에서 300만 원 벌금형을 받았다.

이재명의 경기도지사직이 날아갈 상황에서 대법원 판결은 전 국민 초관심사였다. 2심을 뒤집는 파기 환송이었다.

2016년의 1공단 재판, 2018년 공직선거법 재판은 복사한 듯 2심에서 패한 소송이 모두 대법원에서 뒤집혔다.

"1공단 공원화 재판이랑 공직선거법 재판,

내가 뒤집었어."

김만배가 공공연하게 떠들고 다녔다는 것을 남욱이 재판정에서 증언했다. 남욱의 증언이 아니더라도 나는 실제로 김만배에게 들었다.

처음부터 난 이재명에게 1공단과 대장동을 따로 개발할 것을 이야기했다. 이재명이 결합개발을 하자고 해서 이 사달이 났다. 1공단과 대장동을 결합해 개발하려고 했던 것은 이재명의 꼼수였다. 2014년에 있을 시장 선거에서 재선하기 위한. 1공단 사업을 마무리하고 돈이 들어온 후에 대장동 사업을 시작하면 시간이 너무 오래 걸려 2014년 선거에 써먹을 수 없었다. 결국은 1공단과 대장동 사업을 분리했다.

이재명에게 진실 따위는 필요 없다. '뭐로 가든 서울만 가면 장땡인가.' 그에게는 법과 질서와 순리에 따라 얻어진 게 단 하나도 없다. 비극이다. 그렇게 성한 자는 반드시 망한다는 것을 역사의 교훈으로 알만도 한데 이재명만 모른다.

헤어질 결심

　　　　　　이 지점에서 내가 남욱에게 3억 원을 받은 부분을 짚고 넘어가야겠다. 정영학 녹취록을 보면 자칫 내가 남욱과 정영학을 협박해 빼앗아가는 것처럼 돼 있는데 그것은 정진상과 김용에게 전달한 돈이다.

남 욱　　한 2주면 되겠냐 이러던데.(유동규가 남욱에게 돈을 요구하며 2주간을 지정함).

정영학　예? 예?

남 욱　　'2주만 되겠냐?' 그런데 충분히 뭐… 저도 좀 놀랐어요. 얼마나 그. 세 장(3억)을 얘기해서.

정영학　예, 예, 저기 다 해 주겠다고 합니까. 하여튼 뭐 우리 원하는, 원하는 대로 다 해 주겠다?

남 욱　　그거 구획계도 니네 마음대로 그리고 다해라 원하는 대로. 땅 못 사는 것 있으면 나한테 던져라. 내가 해결해 줄 테니까.

정영학　그거 해결 다, 해결 가능해요 공사는.

_정영학 제출 녹취록 중 일부 2013년 3월 20일.

이때의 상황을 정리하면 남욱에게 받은 건 맞다. 그중 1억 원은 정진상에게 전달했고, 2억 원은 김용에게 전달했다. 내가 한 푼도 안 받았다를 이야기하려는 게 아니라, 3억 원의 용도를 이야기하려는 참이다. 여기에서 3억 원이 어떻게 둔갑하는지를 설명하려는 거다.

명목이야 어떻든 돈을 받은 것은 내 잘못이다. 그렇지만 나는 남욱에게서 3억 원을 받은 얘기를 아무에게도 이야기하지 않았다. 또 그 돈의 최종 목적지가 정진상과 김용이었다는 것도 밝힐 이유도 없다. 정진상과 김용이 김만배나 다른 사람에게 나한테 돈을 받았다고 떠벌리고 다닐 것도 아니지 않은가. 남욱과 정영학이 말하지 않고서는.

2014년쯤 김만배가 뜬금없이 따지듯 물었다.

"너, 남욱한테 돈 받았지, 3억?"

그 소릴 듣는 순간, 받은 금액이 틀리긴 하지만 받은 건 맞아서 굳이 부정하진 않았다. 장난하려고 저런 말을 하나 싶었다. 그렇지만 그걸 김만배가 알고 있다는 사실에 대해선 썩 유쾌하지 않았다. 분명 내게 돈을 준 남욱이 말을 하지 않았다면 알 수가 없는 노릇이었다. 그다음 이어진 김만배의 말에 참을 수 없는 분노가 치밀었다.

"걔들 마, 너 있잖아. 사진 찍고 그랬어. 돈 쌓아두고 '유동규 꺼!' 이래 딱지 붙여서. 걔네들과 어울리지 마. 그럼 너 부패 공무원 아냐?"

그 소리에 내가 즉각 대거리했다.

"형, 얘기 다 했어? 가려서 말해야 할 거 아냐?"

내 말에 김만배가 몹시 기분 나빠했다.

"됐어, 그냥 가!"

나는 끝내 그 돈의 종착지를 말하지 않았다. 다신 김만배를 안
보면 그만이었다. 결심하고 그대로 헤어졌다. 그러고는 정진상에
게 전화했다.

"형, 난 이제 김만배 안 만날 거야. 쫌 이상한 사람이야."

"야, 니가 안 만나면 누가 만나노. 그럼 김만배, 내가 만나까?"

"예전에 형은 김만배 안 좋아했잖아."

"(법조계) 쎄다, 쎄!"

"그럼 내가 사과해 형?"

"니가 그럼 사과해야지."

정진상이 김만배에게 사과하라고 하니 나로선 뾰족한 수가 없
었다. 마음을 가다듬고 사과의 문자메시지를 보냈다. 그때부터 나
는 김만배에게 물음표를 갖게 됐다. 이미 정진상과 김만배는 떼려
야 뗄 수 없는 관계로 얽혀 있었다. "(법조계) 쎄다, 쎄다!"에 들어 있
는 정진상의 말이 은근 무게 있고 당당했다. 전과는 딴판이었다.

그러다 남욱이 변호사법 위반으로 잠깐 구속되는 일이 생기면

서 대장동 사업 주도권이 김만배에게 완전히 넘어가 버렸다. 주도 권만 빼앗아 간 게 아니고, 나와 남욱 사이를 이간질했다. 남욱에 게는 내가 남욱을 욕했다 하고, 내게 와서는 남욱이 나를 욕했다 면서 둘을 멀어지게 했다.

그러든 말든 신경쓰지 않으려 했다. 남욱에게 돈 받은 건 사실 이니까.

함정을 파놓고

김만배가 가지 않으려는 나를 끌고 정자동 모던 노래방으로 향한 것은 2020년 10월의 끄트머리였다.

"야, 너. (정)영학이한테 사과해. 자객 시켜서 널 죽인다고 벼르 고 있대."

그의 말이 아니더라도 정영학에겐 기회를 만들어 사과하려고 했었다. 죽는 게 무서워서가 아니었다. 뺨을 때린 건 심했다는 생 각이 들었다. 마음에 응어리가 생기면 안 되는 거여서 풀어주려 했다. 그런 자리에서 김만배는 또 내게 느닷없는 말을 했다.

김만배 아니, 재창이 돈을 받았대매?

유동규 예전에 3억 받은 거 가지고 이야기하는 거예요?

김만배 응, 응. 그 얘기 가지고.

유동규   그거 가지고, 그건 위례 내가 줬잖아요. 돈 벌어먹었잖아.

         근데 왜?

         그다음에 계산할 게 또 남았나?

김만배   아니, 아니 그만 얘기해.

_ 정영학의 녹취록 2020년 10월 28일.

정영학의 녹취록에 들어 있는 내용이다. 날짜를 보면 2020년 10월 28일이다. 당시 나는 남욱이나 정영학과 거의 만나지 않았다. 정영학의 녹취록에도 보면 내 육성은 거의 없다. 녹취록은 주로 정영학과 남욱 그리고 김만배 등이 대화하는 내용이다. 그 대화 중에 내 얘기가 등장한 거였다. 그러다 뜬금없는 녹취가 들어간 거였다. 이 말은 위 내용이 의도적인 녹음이었다는 얘기다. 평소의 감만배 말투가 아니었다. 정영학이 녹음한다는 걸 알았던 김만배는 어떡하든 나를 자극해 '3억 원을 받았다'라는 자백 아닌 자백을 받아 녹음하려 했던 게 보인다. 목적을 달성했다.

김만배는 3억 원을 받은 나를 뇌물죄로 엮기 위한 판을 짰던 거였다. 그렇지만 김만배가 간과한 게 있었다. 내가 그 3억 원을 받아서 정진상과 김용에게 가져다줬다는 걸 꿈에도 생각하지 못했을 거였다. 내가 그걸 다 쓴 줄로만 알았을 터였다. 다른 사람에게 내가 뇌물을 받았다며 정진상과 김용에게 고자질했어도 그로선 그 돈이 정진상과 김용에게 갔다는 사실을 알 수 없었을 테니 말이다. 정진상과 김용이 그 돈이 자기들이 받아서 쓴 거라고 김만배에게 말했을 리 만무하다.

이재명에게도 마찬가지다. 내가 선거 자금을 받아 와서 정진상과 김용에게 전달한 건 이재명에게 보고했지만, 정진상과 김용에게 따로 챙겨준 건 내 입으로 말한 적이 없다.

김만배는 그것도 모른 채 남욱과 정영학의 말만 듣고 나를 뇌물죄로 엮기 위해 이 부분을 녹취록에 넣은 게 분명했다. 사건이 터지고 나서야 알았을 거였다.

미치광이의 계산법

김만배는 나를 제거하고 싶어 했다. 그로선 내가 녹록지 않았다. 아니 어쩌면 눈엣가시였을 수도 있다. 내가 '저수지'의 돈을 김만배에게서 남욱에게로 옮기려 했던 때문일 수도 있다.

2020년 초였다. 정진상이 20억 원을 가져오라고 했고, 나는 김만배에게 전했다. 그러자 김만배가 1월에는 안 된다고 했다. 정진상이 필요하다고 해서 가져오라는 데 안 된다고 하니 난감했다. 우리로선 김만배 돈을 달라고 한 것도 아니고, 저수지에 있는 우리 돈을 꺼내달란 얘기였다.

"수표는 얼마든지 줄 수 있다. 현금은 1억밖에 못 만들어. 이게 마지막이야 현금은."

말을 마친 김만배는 내 앞에 현금 1억 원과 수표 4억 원을 내밀며 말했다.

"수표는 내가 200억이든 얼마든지 가져다줄게."

나는 "일단 줘봐"라며 그것을 받아들고 와서 정진상 앞에 꺼내놓으며 말했다.

"형, 김만배가 나한테 수표를 가져왔어요. 근데 이걸 우리가 어떻게 써요. 기분 나빠할까 봐 그냥 받아왔는데 이거 남욱이나 주죠."

김만배가 '공동비'를 내라고 해서 남욱이 김만배에게 10억 원을 뜯긴 게 있었다. 내가 남욱에게 내라고 했던 돈이었다. 김만배는 나를 만날 때마다 말하곤 했다

"남욱이 이 새끼가 갹출해서 돈을 내기로 해놓고 한 푼도 안 내네. 나는 20억이나 냈는데."

남욱에게 물었다.

"욱아, 너 왜 공동비를 안 내냐?"

"형, 그거 나만 내는 거예요."

"무슨 소리야, 김만배는 20억을 냈다는데?"

"아니에요, 그거 나만 내는 거라니까요."

그 말을 들은 내가 남욱에게 말했다.

"그럼 일단 욱이 니가 10억을 내봐. 그러고도 김만배가 돈을 안 내면 형이 니 말, 믿어 줄게."

남욱은 공동비로 10억 원을 냈다. 아니나 다를까. 김만배는 돈을 내지 않았다. 이 인간 정말 안 되겠다 싶었다. 내가 수표라도 받아온 이유였다. 정진상에게도 그 일을 얘기했다. 그러면서 덧붙여 말했다.

"김만배 믿지 마세요 형, 아무래도 그 돈, 남욱에게 옮겨놔야 할 거 같네요."

내 말에 정진상은 알았다고, 그러겠다고 했다. 이후로는 김만배와는 말도 섞지 않았다. 맘대로 하라고 내버려 뒀다. 옮길지 말지. 관심 껐다. 그러고는 정민용을 시켜서 김만배에게 받아온 수표를 남욱에게 전달했다. 현금 1억 원 중에 7000만 원은 김용에게 줬다. 내게 자꾸 돈을 달라고 해서 사무실로 불러 김용에게 줬다. 3000만 원은 내가 썼다. 정진상에게 다 이야기했던 일이다.

돈의 과학,
김만배의 마지막 생명줄

김만배는 얼마를 벌었을까?

검찰에 따르면 김만배의 총수입은 2387억 원이다.

화천대유　　　　　971억 원

천화동인 1호 수익　1231억 원

천화동인 2호(부인)　101억 원

천화동인 3호(누나)　101억 원

　검찰은 추징보전을 신청했다. 김만배뿐만 아니라 대장동 개발 민간업자 재산 모두를 추징보전하고 있다. 법원이 인정한 게 4446억 원이다.

　김만배는 무슨 수를 써서라도 은닉하려 하고, 검찰은 이를 쫓고 있다. 김만배가 이 돈을 부당하게 숨기면 범죄수익은닉 규제 및 처벌법으로 처벌받을 수 있다. 김만배는 이를 알았을 거였다. 뺏기지 않기 위해선 숨겨야 한다는 것을.

　김만배는 2021년 11월에 구속됐다. 1년을 구치소에서 지냈다. 구치소에 있었던 1년간 그의 재산은 어떻게 됐을까.

　김만배는 구치소 안에서도 상상 초월한 방법으로 검찰의 눈을 피해 숨겼다. 변호인을 이용했다. 헬멧맨으로 알려진 최우향이 뻔질나게 변호인을 만나서 보고하고 지시받으면 그것을 이한성에게 전달해 실행했다. 원초적으로 숨기고, 사채를 놓고, 부동산 구입을 하고. 놀랍다.

　검찰은 조력자를 통해 김만배가 숨긴 돈 중에 275억 원을 찾았다. 최우향과 이한성은 검찰에서 이렇게 진술했다.

"돈은 김만배의 마지막 생명줄이다."

2024년 2월 14일, 김만배는 1심에서 징역 2년 6개월을 받았다.

"북한에는 가도 되는데 안전은 보장 못해"

이화영이 국회의원에 떨어지고 킨 텍스 대표이사로 가려고 할 때, 나는 시험관으로 참석했다. 경기 도에서 3명이 임원 추천 위원이었는데 그중 한 명으로 그를 대표 이사로 뽑으라는 이재명의 지시를 받고 참석했다.

그는 내가 경기관광공사에 있을 때 초대 경기도 평화부지사였 다. 그는 내게 평화공원 조성과 평화박물관을 만들자고 했지만, 뜨뜻미지근했다. 통일 박물관에도 관심이 없었다. 말로만 통일 타 령을 했지 실제로 실행하는 건 아무것도 없었다. 우리나라에서 무 언가를 하는 건 원하지 않았다. 무조건 북한에서 무언가를 하고 싶어 했다.

한번은 그가 내게 "북한에 가자"라고 했다. 그 말을 들은 나는 직원들에게 자랑하듯 말했다. "나도 북한에 다녀올 거 같다"라고.

그런데 이화영에게서 연락이 없었다. 어떻게 됐는지 물어보려고 전화했더니 "북한에는 가도 되는데 안전은 보장 못해"라고 했다. 안전은 보장 못한다고? 한참을 웃고 말았다. 안전도 보장 못하면서 일을 하겠다는 말이 이해가 안 됐다.

함께 독일을 방문한 적이 있다. 그때 그는 레닌 동상 앞에서 사진을 찍으며 "제일 존경하는 인물"이라고 했다. 그의 정치적 성향이 그러려니 했다.

그런 이화영의 구속 사유는 쌍방울로부터 2억 6000만 원 뇌물을 받은 혐의다. 대북 사업을 지원한 대가였다. 누구를 위한 대북 사업이었나.

기가 막힌 수법

성남시장이었던 이재명이 구단주로 있던 성남FC는 성남에 본사가 있는 네이버 등 기업들로부터 2015~2017년에 걸쳐 광고비 명목 후원금으로 133억 5000만 원을 받았다. 그런데 실제로 광고비는 명목에 불과했다. 성남시장 직무와 관련 있는, 최고 권력인 인허가권을 휘두르며 받아낸 뇌물이었다. 한동훈 전 법무부 장관은 2023년 2월 27일, 국회에서 이재명에 대한 체포 동의 요청을 하며 다음과 같은 이유를 설명했다.

"(이재명)은 정진상 등과 공모하여, 2014년부터 2018년, 자신이 무리하게 창단한 성남FC가 곧바로 부도나 정치적 타격을 입는 것을 막기 위하여, 네이버·두산건설 등 4개 기업에 구체적 현안 해결 대가로 뇌물 133억 5천만 원을 성남FC에 주게 하고, 그 뇌물 범죄를 감추기 위해 '희망살림'이라는 단체를 끼워 넣어 범죄수익을 가장하였다는 것입니다."

동의하는 바다. 이재명은 뭐가 돈이 되는지 기가 막히게 잘 안다. 말인즉슨 그 기업이 뭘 필요한지를 알고 인허가권을 내세워 편의를 봐 주며 돈을 받아오게 했다. 성남FC 건도 마찬가지로 기업이 필요로 하는 용적률을 해결해 주고 수십억씩을 받아냈다. 대상 기업은 몇백억의 이득이 되니까 수십억을 주면서도 그 일을 했다.

당시 이재명은 모라토리엄 선언을 했던 상황에서 성남FC를 인수했다. 여기저기서 말이 많았다. 돈이 없어서 모라토리엄을 선언해놓고 축구 구단주를 하는 게 말이 되냐고 하니까 기업들을 옥죄 후원금 명목으로 받아냈다. 그게 지속적인 수입원이 아니어서 그런 모양새였다. 직원들에게 후원금 받아오면 수수료를 돌려줬다.

내가 있던 시설관리공단에 이재명의 측근인 '이규원'의 조카 이치만이 있었다. 주차관리원이었는데 일이 하기 싫다고 불만을 터뜨려서 성남FC로 자리를 옮겨줬다. 일은 정진상이 하고, 수수료는 이치만에게 준 일이 있다. 1억 원의 수수료를 현금으로 가져갔다. 모든 게 이재명 멋대로였다.

웃지 못할 해프닝도 있다. 서현동에 모텔들이 있는데 어떤 건 용적률을 올려 주고 어떤 데는 안 올려 줬다. 5층 건물을 짓는데 그 옆은 5층을 못 짓게 해서 다른 모텔 주인들이 항의하기도 했다. 기분 따라, 내키는 대로 민원인을 상대로 그 짓을 했다.

코인 게이트

'장사의 신' 게이트가 논란이 되면서 여기에 누가 누가 연루돼 있다는 얘기가 난무했다. 그들을 하나하나 소환해 따지고 싶진 않지만, 구조적인 문제는 짚고 넘어가지 않을 수 없다.

지금껏 나는 계속해서 해외 불법 도박 사이트 문제를 제기해 왔다. 운영자들의 돈은 해외에 있고, 그 돈을 국내로 들여올 방법이 거의 없다 보니 온갖 불법 수단이 동원되고 있다.

대표적인 것이 바로 '깡'이다. 아프리카TV의 BJ들이 술을 마시며 방송할 때 별풍선 쏴주는 것을 이용하는 방법인데, 이를 '별풍선 깡'이라고 한다. 별풍선이 몇억씩 터지면서 깡 의혹이 부각됐다. 아프리카TV 측은 별풍선으로 터진 금액 중 30%를 수수료로 챙기고 나머지를 회장들에게 돌려주는 것으로 돈세탁한다고 한다.

불법 토토로 돈을 번 다음에 하는 것이 '코인 사기'다. 국내에 불법 토토로 번 돈을 들여오기 위해서다. 코인은 국경이 없다. 금융 규제를 받지 않는다. 젊은이들이 코인에 관심이 많다는 점을 이용해 코인 구매에 나서게 한다. 그 자금에 토토 자금이 섞여 있다.

토토 자금이 코인을 작전으로 해서 금액을 올리면 젊은이들의 돈도 그것과 함께 올라가므로 같이 돈을 섞었다가 코인을 다시 판매하면서 토토로 번 불법 자금을 세탁해 국내로 들여오는 것이다. 여기서 눈여겨봐야 할 대상은 우리나라 코스닥 업체와 게임을 개발·서비스하는 게임 업체다. 예를 들면 김남국 무소속 의원이 코인을 다량 보유한 '위메이드'가 있다. 사실 이들 게임 업체가 만드는 코인과 관련된 대표적인 문제는 '해킹'이다. 이들은 비록 블록체인이긴 해도 애당초 돈세탁과 해킹 용도로 코인을 만든다는 문제를 안고 있다.

이것과 관련해 내가 늘 얘기하는 게 홍콩·마카오와 동남아시아 쪽에 있는 깡패 조직 네트워크인 삼합회나 흑사회다. 이제까지 나는 이 깡패 조직 네트워크가 중국 공안과 연결되어 있을 가능성이 매우 크다는 지적을 수없이 해 왔다. 그런데 이러한 의혹 제기는 일정 정도 근거가 있는 국정원 사건, 다시 말해 국가 보안법 사건으로 세상에 알려졌다. 북한이 도박사이트 수천 개를 제작해 한국 범죄 조직에 팔아넘긴 것이다. 한국 범죄 조직이 운영하는 도박사이트를 북한이 제작했다는 말이다.

이게 어찌 된 일일까? 보수 쪽 인사들이 이때껏 북한에서 한 가장 황당한 자선 활동은 평양과기대 학생들에게 프로그래밍을 가르쳐 준 일이다. 회사가 없는 북한은 그 프로그래밍 기술로 무엇을 했을까? 불법적인 일이다. 북한이 유도 무기를 만들 수 있게 우리가 기술을 가르쳐 준 꼴이다. 그들이 해킹하고 보이스피싱을 하도록 기술을 가르쳐 주었다는 얘기다.

정리하자면 이렇다. 먼저 우리나라 깡패 조직과 북한 해커가 연합해서 불법 토토 사이트를 만들어 돈을 챙겼다. 그렇게 챙긴 돈은 코인으로 세탁해 국내에 들여왔다. 그 돈은 코스닥 주가 조작 세력과도 연관되어 있는데 그 과정에 북한과 중국도 개입했다. 병풍을 쳐준 사람들이 한국의 정치인, 연예인 그리고 인플루언서다. 코인 사건은 커뮤니티에서 굉장한 이슈로 떠올랐고 젊은이들은 해당 연예인 커뮤니티를 찾아가 도배를 했다. 언론에서는 이를 보도하지 않는다. 아예 취재조차 하지 않는다. 정치권도 무반응이다.

업체를 만들거나 기타 등등을 진행할 때 그들은 정치인 혹은 인플루언서와 함께 찍은 사진을 활용한다. 특정 협회와 스포츠 협회 자체가 그들의 소굴이라 할 수 있다. '장사의 신'을 비롯한 유튜브와 인플루언서들도 마찬가지다. 이미 나는 중국 여행사들이 인플루언서 매니지먼트사를 우리나라에 들여오는 이상한 조짐이 있음을 말한 바 있다. 그 종합판이 벌써 현실로 나타나고 있다.

대한민국 언론은 모두 침묵하고 있고 국정원만 이야기하기 시작했다. 가령 노동당 39호실 산하 불법 외화벌이 조직 경흥정보기술교류사가 적발됐다거나 국내 사이버 도박 범죄 배후에 북한이 깊이 개입되어 있다는 얘기가 나오고 있다. 이건 무얼 의미할까? 그들이 코스닥 작전 세력에 깊게 개입하고 있다는 것으로 우리나라 정치인들도 코가 꿰였다는 얘기다.

그들은 대남 공작을 담당하는 북한 정찰총국 소속 외화벌이 조직이다. 그들이 불법 도박사이트를 수천 개 만들어 한국 범죄 조직에 판매했다. 중국 단둥에 있는 조선족 대북 사업가 공장 기숙사에서 이것을 제작·판매하고 유지·보수했다. 그걸 지금 대한민국 청년들이 즐겨 이용하고 있다. 대한민국 경찰 정책이 이들의 대량 접속을 유도하기도 했다. '포르노허브' 같은 성인 사이트나 야동 검색 사이트를 차단한 것이 오히려 이것을 유도했다. 이런 사이트를 아무리 차단해도 차단할 수 없는 게 있다. 대한민국 청년들이 가장 범용적으로 애용하는 〈바람의 검심〉, 〈원피스〉 같은 만화다. 이런 것은 일본 작품으로 자막을 갖춘 정식 애니메이션으로 나오기까지 시간이 한참 걸린다. 일부 사이트가 무단 번역하는 이유가 여기에 있다. 더 큰 문제는 따로 있다. 가령 '원피스 최신판'을 검색했을 때 따라오는 사이트가 있는데, 성매매 사이트는 말할 것도 없고, 도박 관련 사이트까지 줄줄이 따라 나온다는 데 있다. 검색했던 젊은 친구들은 링크를 타고 들어갈 수밖에 없다. 링크를 타고 들어간 '바둑이'나 경주 게임 '홀짝' 같은 인터넷 도박은 북한이 만들었다.

내가 4~5년 전부터 얘기한 그런 일이 이제야 수면 위로 올라오고 있다. 실제로 JTBC가 2024년 2월 12일 보도한 내용에 따르면 험난했던 수사 끝에 불법 토토로 벌어들인 불법 돈뭉치 500억 원 이상을 발견했다고 한다. 박스 팰릿 하나에 150억 원이 들어가는데 그러한 박스 팰릿이 4개가 나왔다. 여전히 대한민국 코스닥, 코인 그리고 각종 스포츠 협회에는 인플루언서가 등장하고 있고 이들과 함께 골프 치는 사진이나 인스타에 올린 사진으로 총선 시즌에 초비상이 걸렸다. 내가 민주당과 국민의힘 양당 공관위원들에게 테스트했는데 그들은 전혀 모르고 있는 눈치다.

박근혜 탄핵 게이트는 어떠했을까. 이화여대 학생들이 소녀시대의 '다시 만난 세계'를 부르면서 터져 나온 사건이다. 과연 코인 게이트는 우리나라 금융 시장과 안보, 어둠의 세계 정치인에게 어느 정도로 큰 영향을 미칠까? 생각할수록 아찔하다. 내가 윤석열 대통령에게 지금 바로 범죄와의 전쟁을 시작해야 한다고 권했다. 나는 많은 사람에게 불법 도박 코인을 잡는 슈퍼스타가 차기 대통령이 될 거라고 얘기한다. 박근혜 대통령 시절에 최순실이 국정을 농단한 비선 실세로 등장했을 때 다들 큰 충격을 받지 않았는가.

대한민국 국민이 '우리나라가 이런 나라였어?'라고 큰 충격을 받은 것은 휴대전화 모바일이 등장했을 때와 2010년 이후 대규모 게토(슬럼화) 현상을 목격한 순간이다. 이제 대한민국은 도박, 마약, 매춘이라는 커다란 3대 온라인 게토를 내버려 둔 것에 따른 대형 쓰나미를 맞을 준비를 해야 한다. 폭탄은 이미 터지고 있다. 커뮤니티에서 젊은이들은 벌써 난리가 났고, 현재 인터넷 최대 이슈가 코인 게이트인데 주류 언론과 정치권은 무관심으로 일관하고 있다.

나라가 박살 날지도 모르는 일이 벌어지고 있어도 그들은 무신경하다. 왜 그럴까? 이 문제를 5년 전부터 말해온 나로선 '아, 카운트다운에 들어갔구나' 하는 느낌이다. 그들이 이 문제에 호응하지 않는 이유는 어쩌면 그들도 연관되어 있어서가 아닐는지.

내가 일종의 결사대라도 만들어야겠다고 결심한 이유는 그들이 이 문제를 내버려 두고 있어서다. 이 문제와 끝까지 싸울 정치 세력을 만들기 위해 나는 좌우를 넘어 진짜 대한민국을 지키고자 하는 사람들을 모으고 싶다.

건전한 사고방식을 지니고 행동하는 사람, 자기 실력과 능력으로 정당하게 일해도 억울한 일을 당하는 사람이 결집해야 한다고 생각하기 때문이다. 내가 왜 이런 생각을 했을까? 이 시대 청년들이 어떤 마음으로 살고 있는지 아는 까닭이다. 그들은 인생을 '한 방'이라고 생각한다. 어차피 30년 모기지론으로는 아파트 사긴 글렀고, 결혼하려면 코인을 하는 수밖

당신들의 행복한 시간

에 없다고 여긴다. 실제로 대한민국 20대에게 현실은 그런 게임판이 되어버렸다.

급선무가 이 땅에서 주사파를 몰아내는 일이다. 그다음에 중국과 북한이 우리나라를 좀먹는 진지전까지 벌였다는 것을 직시해야 한다. 좌익 세력은 진짜 무서운 존재다. 반드시 뿌리 뽑아야 한다.

11장

댄스타임이
멈춘 후
남겨진 것들

너희가 선을 미워하고 악을 기뻐하여 내 백
성의 가죽을 벗기고 뼈에서 살을 뜯어 그들
의 살을 먹으며 그 가죽을 벗기며 그 뼈를
꺾어 다지기를 냄비와 솥 가운데 담을 고기
처럼 하는도다

그 때에 그들이 여호와께 부르짖을지라도
응답하지 아니하시고
그들의 행위가 악했던 만큼 그들 앞에 얼굴
을 가리시리라.

_ 〈미가〉 3장 2~4절

가방 모찌와
조폭들의 큰 그림

　　　　　　　　　　이재명은 자신의 가방 모찌를 모두 성남 조폭 출신으로 고용했다. 첫 가방 모찌가 백종선이고, 그다음이 이치만, 김진욱 순이다. 선거 때마다 조폭들이 등장해 이재명을 도왔다. 물론 선거만 도왔겠나. 조폭들은 이재명과 왕래하며 자신들의 사업으로 '어린이 지킴이'로 '학폭' 방지 활동을 했다. 국제마피아 조직 출신 코마트레이드 이준석과의 관계도 맞다. 그런 관계를 연결한 사람이 백종선이다. 이준석의 코마트레이드에서 조폭들을 키우려고 했던 것이 '코나아이' 때문이다. 코나아이를 운영하면서 더 큰 그림을 그리고 있다고 했다.

　중국의 비밀경찰서를 오갔던 박병국은 중국과 관계를 맺으면서 마약과도 연관이 있을 거로 보인다. 특히 북한 마약. 문재인 정권의 추미애가 마약 수사를 하지 못하게 하고, 검수완박을 몰아붙였던 것도 다 그런 이유가 있다. 실질적으로 우리나라에는 마약 수사 컨트롤타워가 없어졌다. 국정원 정보 기능도 없애버렸다. 실질적으로 국정원과 검찰의 기능이 없어졌다. 한 번도 수사 지휘를 해보지 않은 경찰이 하게 됐으니 그새 마약 사범들은 얼마나 늘었겠나.

　마약 수사 기관은 왜 없앴을까. 북한에서 요구했던가 아니면 중국에서 요구한 것으로 추정된다. 명분은 검찰 기능을 약화하고 평화 모드로 가져가야 한다는 거였다. 실제로는 마약 수사의 '기능 약화'에 있다. 세계적인 추세는 더더욱 마약 수사 기능을 강화하는데 우리나라만 기능을 약화했다. 북한이 더욱 세게 으르렁거리는 상황에서 국정원 기능의 약화라? 이거는 정말 매국 행위다. 문재인 정권이 이런 짓을 했던 이유는 결국 마약밖에 없다고 판단된다.

그다음에 종북 세력들이 빨대를 꽂은 데가 태양광 사업이다. 종북 세력들은 오래전부터 이 사업을 준비하면서 그 빨대를 국민의힘에도 줬다. 방패막이로 쓰기 위함이다. 태양광 사업으로 가장 큰돈을 벌었을 사람은 부산의 이호철과 그 라인이라 추정된다. 이호철과 박태수는 청와대에 들어가지 않고, 윤건형을 그 자리에 앉힌 후 태양광 사업으로 돈 버는 일에 몰두했다.

윤건형을 불러서 내게 소개해 준 사람은 박태수였다. 윤건형을 청와대에 보내 나와 조율하게 만들고 박태수와 이호철은 밖에서 태양광 사업으로 돈을 벌었다. 박태수는 내게 말하곤 했다.

"야, 거기(청와대) 들어가는 거 별거 아니야.

돈 버는 게 최고야!"

나는 처음부터 이재명을 키우는 게 목적이어서 사업할 생각은 하지도 못했다. 이재명을 정치적으로 키우는 것만 생각했다. 땅을 치고 후회하는 요즘이다. 그렇지만 내 삶에 있어 그 모든 것은 그저 과정이었다. 큰 대가를 치렀고, 바르고 참사람답게 살기 위한 과정이었다. 강한 바람에 흔들리고 휩쓸리지 않도록 내 마음을 다잡는 중이다.

그래서였을 것이다. 8.5t 덤프트럭과의 추돌 사고에서도 기적처럼 부상 없이 멀쩡하게 살려 준 것은. 해야 할 그 일 때문이리라.

바늘 도둑이
소도둑으로

누구보다 돈 욕심이 많은 이재명이다. 멀쩡한 사람이라면 선거에서 떨어지면 뭘 할 생각을 안 한다. 그는 대선에서 패배한 후에 보궐 선거로 당선되는 과정에서 주식을 샀다. 자신이 활동하는 상임위의 방산 주식을. 그것도 또 말이 안 되는 게 그는 늘 입버릇처럼 '국회의원은 주식을 신탁해야 한다'라고 했다. 뭘 기대하나. 오늘 지나면 내일은 또 다른 말을 할 사람인 것을. 거짓말의 거짓말로 하루하루를 연명하는 그가 아닌가.

그렇게 거짓말을 일삼는 그에게도 일관성 있는 게 하나 있다. 돈에 대한 집착이다. 김만배에게 '돈이 그의 생명줄'이듯 이재명에게도 마찬가지다. 현재 그의 모든 사법 리스크와 관련돼 병풍 치듯 둘러싸고 있는 변호인들을 보라. 그 많은 변호인은 그에게 생명줄이다. 돈과 같다는 얘기다. 설마 그 많은 변호인이 이재명이 청렴해서 붙어 있는 걸까? 고품격 정치인이어서 붙어 있나? 돈이 많다는 걸 누구보다 잘 알 거라 판단된다. 돈은 곧 그의 권력의 화신이다.

나는 현재 이재명이 성남의 노른자위를 개발하며 만들어 놓은 곳곳의 '저수지'에서 상당 부분을 꺼냈을 거로 추정한다. 실제로 그 돈은 조폭들에게 분산돼 활용 중이며, 그렇게 돈을 활용하는 사람들 옆에는 조폭을 붙여서 감시하는 체제로 운영 중이라고 들었다. 예를 들면 백종선에게 100억 원을 맡기면 그 옆에서 조폭이 백종선을 감시하는 시스템이다.

〈에이티세미콘 - 백종선 사외이사 선임… 상승 여력은?〉[30]

〈에이티세미콘, 150억 규모 3자배정 유상증자〉[31]

수사가 필요하다. 한때 나는 백종선이 대장동 건으로 이재명이

---

30 〈공부개미〉, 2021년 1월 6일.
31 〈이데일리〉, 2024년 3월 8일.

구속되면 자신은 모든 것을 다 불 거라며 떠들고 다녔던 것을 전해 들었다.

이재명의 현금인출기
'코나아이'

이 여인을 아는가. 마술사로 유명한 신승은. 그녀는 성남시에 7급 별정직으로 들어갔다. 그러다가 '코나아이' 이사로 옮겨갔는데 거기에서 그녀는 박병국[32]을 만나 사귀었다. 그전에 신승은이 만났던 사람은 '임진'이었다. 임진은 경기도상권진흥원 이사장으로 갔다. 원래 임진은 성남시상권진흥원의 팀장급 비서였는데 임원도 아니면서 지역 화폐 발행사인 경기도상권진흥원의 초대 이사장으로 간 거였다.

'코나아이'가 경기도 지역 화폐 운영사로 선정됐다. 농협이 지역 화폐 운영 사업을 하겠다고 했는데 듣보잡이었던 코나아이가 그 농협을 누르고 단 하루 만에 선정됐다. 단 하루 만에 결정할 수 있는 사람은 이재명뿐이었다.

초창기 때는 낙전 수입을 운영사인 코나아이가 다 가져갔다. 낙전 수입은 화폐가 10만 원이면 딱 떨어지게 안 쓰고 얼마가 남은 금액을 말한다. 그 남은 금액을 코나아이가 모두 가져갔던 거

---

[32] 경찰대학교 1기생.

댄스타임이 멈춘 후 남겨진 것들

였다. 나중에 법이 바뀌어 낙전 수입을 경기도가 회수했다. 이재명이 이를 몰랐을 리 없다. 마이너스였던 코나아이는 경기도 지역 화폐 운영 첫해 수익이 270억 원에 달했다.

이번에는 박병국이 이동했다. 코나아이에서 경기도상권진흥원 이사로. 경기도는 경기도상권진흥과 화폐 발행 계약을 했고, 신승은은 성남시에 있다가 코나아이 이사로 옮겨가 경기도 지역 화폐 운영을 맡았다. 결국 '코나아이'는 이재명의 회사나 마찬가지였다. 코나아이는 이재명의 현금인출기였다.

수상한 점은 박병국이다. 그는 코나아이 중국 법인장이었다. 경기도 지역 화폐를 운영하는 코나아이가 중국에 법인을 둘 이유가 없다. 그러다가 경기도상권진흥원 이사로 갔다가 이동을 하는데 어디로 갔냐면 이재명의 대선 캠프로 갔다. 네거티브팀의 이태형 변호사 밑으로 들어갔다. 2023년 말, 2024년 정부 예산에서 지역 화폐 예산을 없애버리자 더불어민주당은 일방적으로 지역 화폐 예산을 모두 살렸다. 과연 우연일까?

불법 도박의 산

우리나라에서 도박으로 날아가는 돈이 연간 20조가 넘는다고 한다. 조폭들이 거의 동남아의 필리핀에 가 있다. 우리나라는 세금도 내야 하고 수수료도 떼는데 거기에선 5%만 떼고 지급한다. 불법 스포츠 토토를 한다. 코마트레이드 이준석도 그 불법 도박으로 돈을 번 거였다. 파타야 사건도 이준석 선배가 배워서 필리핀에 가서 운영하다가 일으켰다. 프로그래머를 감금시켜 일하게 하면서 폭력을 행사해 죽게 한 사건이다. 이준석은 너무 많이 번 돈을 세탁하기 위해 중국 화웨이 총판을 한국에서 운영했다. 말하자면 돈은 필리핀에서 현금으로 쓰고, 물건은 중국 화웨이로 양성화했다.

요즘은 불법 도박을 코인으로 한다. 코인을 받아 현금으로 돌려준다. 김남국이 100억 원을 돌려서 1000억 원대를 만든 거나, 배소현이 축적한 부동산도 들여다봐야 한다.

이런 수사를 하지 못하게 한 것이 민주당이다. 북한은 코인을 받기로 하고 동남아 같은 데서 불법 도박장을 차려 돈을 굴린다. 현금은 해외에 1000만 원밖에 갖고 가지 못하지만 상품권은 100억 원이라도 갖고 나갈 수 있다. 경기도 지역 화폐가 여기에 쓰일 수 있다. 100억 원도 해외로 갖고 나갈 수 있다. 그러니까 코나아이는 단순히 경기도 지역 화폐를 운영하는 데만 쓰인 게 아니란 얘기다. 불법 음성 자금을 갖고 돈세탁하는 데 쓰였을 확률이 높다.

불법 자금을 한국으로 들여오는 이유가 돈세탁이 쉬워서다. 시쳇말로 '깡'을 해 준다. 국제적으로 돈세탁하는 데 50%가 들어간다. 코인은 깡을 할 때 10%밖에 안 들어간다. 예를 들어 카드 안에

50만 원이 있다고 치자. 50만 원짜리 카드기가 100개 있다고 치면 돈세탁해 현금으로 만드는 데 10%밖에 안 든다.

마약과 도박은 떼려야 뗄 수가 없다. 연결돼 있고 매우 심각하다. 이 모든 것을 풀어 준 게 문재인 정권이다. 아예 수사하지 못하게 만들었다. 굉장히 위험하다. 문 정권과 이재명의 코나아이가 불법 세탁을 하고 마약이나 자금 세탁에 쓰였을 확률이 높다는 합리적 의심은 다만 비약적인가? 현금화하는 데 다른 나라는 50%인데 우리나라는 10%밖에 안 된다. 이재명이 기를 쓰고 지역화폐를 하는 이유가 여기에 있다. 9000억 원 예산을 통과하지 않았나 더불어민주당이. 그런 식으로 해서 자기 지지자들을 먹고살게 할 자금을 마련했을 터였다. 마치 양성 자금인 것처럼. 줏대 없는 위장 우파를 걸치게 해서 총알받이로 쓰거나 정치적 물타기를 하는 방법으로 이용했을 터였다.

모든 나라에서 더 강하게 수사하는데 왜 우리나라는 거꾸로 마약이나 불법 도박을 수사하지 못하게 하나. 범죄자 인권을 위해서? 반드시 전문 수사 인력팀을 꾸려야 한다.

테러, 이재명은 합니다

칼이 목 뒤로 돌아갈 정도면 엄청

난 상처가 나는 게 정상이다. 그리고 테러 목적으로 칼을 사용했는데 멀쩡하고 뾰족한 칼을 형체가 불명하게 '비파형 청동검' 모양으로 만든다는 게 이해가 되나? 칼을 맞게 되면 몸이 뒤로 넘어가지 않는다. 출혈을 막기 위해서라도 본능적으로 앞으로 숙일 수밖에 없다. 칼의 목적이 목을 겨냥했을 때는 관통한다. 넥타이나 셔츠 카라가 막지 못한다. 뚫린다. 일반 천보다 셔츠 카라가 더 잘 뚫린다. 당시에는 뚫리지도 않았다.

근데 이게 말이 되나? 이재명은 마치 누가 밀기라도 한 듯이 바로 뒤로 넘어졌다. 이런 거는 칼잡이들이 한 번도 본 적 없는 광경이라고 입을 모은다. 칼을 맞으면 무조건 앞으로 고꾸라지게 돼 있다.

그렇지만 이재명은 살짝 긁히고 피도 나지 않았다. 그 상태에서 약속이라도 한 듯이 뒤로 넘어져 누워 버렸다. 상처 부위로 추정되는 곳을 자신의 손으로 누르고 있었는데 나중에 보니 그 위치가 수술했던 위치랑 일치하지도 않았다. 상식적으로 이해 안 되는 부분이 너무 많다.

사건 순간에는 없던 피가 어느 순간 마술처럼 생겼다. 바닥에 드러누울 때까지 피 한 방울 내비치지 않았다. 영상이 바뀌면서 한참 후에 상처 부위라고 지적한 데에 피가 등장했다. 그것도 피가 상처 부위로 추정되는 데에서 나온 게 아니라, 낮은 위치에서 상처 부위라고 하는 위쪽으로 거꾸로 타고 올라갔다.

더 가관은 며칠 후에 발견된 이재명의 옷에 물든 피였다. 염색통에 담갔다가 가져왔는지 피로 추정되는 색상이 물들여 있었다. 사건 순간 셔츠 카라에 없던 뚫림도 생겼다. 도무지 보고도 믿을 수가 없다.

처음, 열상이라고 했던 상처를 갖고 헬기를 불러 부산대병원에서 서울대병원으로 이동하는 과정도 이해할 수 없다. 헬기를 부를 만큼 다급한 상황이라면 몇 시간을 이동하는 것보단 사건 현장에서 가장 가까운 병원에서 치료하는 게 상식이 아닌가.

일련의 사건 과정은 누군가가 짠, 하고 등장해 한바탕 마술쇼를 부린 듯했다. 과학적이고 논리적으로 설명되는 부분이 단 한 구석이 없다. 그것이 이재명의 특징이다. 이 부분은 당시 현장에 있던 이재명 추종자들 영상에서 명확히 드러났다. 그런데도 이재명과 더불어민주당은 이 사건에 대한 의혹을 제기하는 사람들을 윽박질렀다.

언론도 사실을 보도하지 않았다. 이재명의 생쇼에 놀아났다. 고소·고발로 윽박지르는 이재명의 소설 쓰기에 또 한 번 대한민국은 춤을 췄다. '사건으로 가장 큰 이득을 본 사람이 범인이다'라는 말은 그래서 고릿적 말이 아니다. 그 사건으로 가장 큰 이득을 본 이가 누군가 말이다. 며칠 뒤에 예정됐던 '위증교사' 재판을 연기하지 않았나.

그렇다고 모든 것을 가릴 거란 착각은 하지 마시길.

빨대왕, 좌파 카르텔

성남시민단체 중에 '성남시의료원'을 만들기 위해 난리 친 집단들이 있었다. 그들 중에는 이재명 성남시장 선거 캠프에 들어와 활동한 이들도 있었다. 그때 정진상은 그들을 가리키며 "저 사람들은 의료원에 관심 있는 사람들이야"라고 했었다. 현재 병원 노조원들이 거의 그 라인이다. 그들은 시민들이 진료를 받으러 와도 시큰둥해한다. 철밥통이다.

성남시의료원은 강성 노조가 있어 의사고 뭐고 없다. 처음에 성남시의회에서는 의료원을 만들면 서울대나 다른 전문 병원에 위탁할 것을 제안했다. 그것을 거부한 것이 이재명이었다. 적자가 눈덩이처럼 늘어나 위탁한다고 하니까 이번엔 병원 노조가 반대했다. 이재명이 처음에 의료원을 만든 사람들에게 운영권을 줘버렸다.

내가 최윤길을 끌고 오지 않았다면 성남시의료원도 없었다. 최윤길이 2012년 6월에 넘어와서 두 개를 통과하는 건 무리가 있다고 해서 성남시의료원이냐 도시개발공사냐를 두고 고민했다. 이재명은 가차 없이 의료원부터 하자고 했다. 시의회에서 성남시의료원을 먼저 통과시켰다. 이재명이 시장이 되고 적자를 낸 의료원은 2023년 말까지 눈덩이처럼 불어나 있다.

자기를 지지했던 사람들의 밥그릇을 챙겨주기 위해 대안도 없이 지속적으로 적자를 내며 운영 중인 성남시의료원. 나는 전혀 관여하지 않았다. 대신 시의회 제안대로 서울대나 믿을 만한 전문 병원에 위탁해서 운영되기를 원했다. 공기업 밥을 먹어보니 의료원 자체적으로 운영하는 것보다는 전문 기관이 나서는 게 낫다는 판단이 섰다.

병원 노조는 위탁하면 자신들이 인력을 뽑을 수 없으니 극구 반대했다. 애초부터 성남시의료원은 부실이 예고됐다. 이재명은 자기 돈은 아까워하면서 나랏돈은 물 쓰듯, 쌈짓돈 쓰듯 한다. 건전지 하나 사는 것도 자기 돈을 쓰지 않는다. 심지어 조사조차도 안 했다.

성남시는 비리 집단의 집합체다. 다른 데는 모두 운동권이 해체되어 종교 집단이나 학원가에 들어가면서 흩어졌는데 성남시에만 조직을 유지하며 기생했다. 이석기의 경기동부연합이 해체되지 않고 남아 있었다. 통진당의 중심 세력으로 본산이 동부연합이다. 이재명이 성남시장이 되고 난 후에 시작한 사업이 청소업체다. 나눔 환경. 청소업체를 설립해 돈을 챙기게 되면서 간덩이가 부어 성남시의료원을 잡아먹었다. 조직원들을 집어넣고 자금력도 생겼다. 그러면서 점점 세력화하여 더불어민주당을 장악했다. 이재명이 다 키웠다.

성남시의료원이 적자가 너무 많이 나고 있어 위탁하자고 했더니 위탁을 반대하는 세력이 밀집했고, 그 세력 그대로 윤석열 탄핵 집회에 앞장서고 있는 형국이다.

생지옥을 열다

연일 검찰 공화국을 성토하는 이재명. 검사 사칭을 모의했고 검찰 세력과 함께 대장동 사건의 한 축을 담당했던 그가 검찰 독재를 운운하다니. 씁쓸한 건 이재명이 특수부 검사들과 유착 없이 이렇게 대범할 수 있었겠는가 하는 점이다. 대장동 사건은 이재명이 대선에 출마하지 않았다면 묻혔을 사건이었다. 특수부 검사들이, 언론이, 대법관이, 여당이, 야당이 합심해 묻었을 사건이다.

대장동 사건을 통해서 우리가 알 수 있는 건 딱 하나다. '모두가 도둑놈들이구나.' 이재명이란 인간이 정말 인물은 인물이구나. 언더독이 대선판을 휘두르며 이 나라 대선 후보가 되고 대통령 문턱까지 갔으니 말이다. 대통령 문턱을 넘은 윤석열 대통령의 검찰 직계 선배들이 이 사건에서 맹활약한 점도 우리를 매우 불쾌하게 만든다.

도대체 이 나라가 어떻게 돌아가고 있는 것인가?

한국 정치가 형해화한 현실을 직시해야 한다. 3김 정치가 끝난 후 민주당은 주인 없는 당이 되었다. 노무현의 정치 실험 무대였던 열린우리당의 몰락 이후 출범한 통합민주당은 주인 없는 당이었다. 이재명은 그 주인 없는 당에서 꿰다 놓은 보릿자루 같은 존재였다. 기초자치단체장이 경기동부와 연합하든 특혜분양을 하든 누구도 주인 의식을 갖고 상황을 점검하지 않았다. 고만고만한 사람들의 정당이 된 민주당은 이재명의 탈선 정치를 견제할 수 없었다. 김대중을 중심으로 했던 위계가 무너진 민주당은 각자도생의 길로 접어들었다.

권노갑과 김병량의 특혜분양 의혹을 제기하며 맹렬히 비판했던 이재명은 결국 권력을 잡자마자 특혜분양을 진두지휘했다.

보수당은 어떠한가? 김영삼 이후 이회창은 KS로 상징되는 명문고-명문대-경화사족-지방 명문 네트워크로 한국 보수를 통제했다. 김대중-노무현에게 연패한 보수는 결국 인기영합주의로 넘어갔고, 이후 선택한 주자들이 이명박과 박근혜. 두 사람은 정통 보수를 해체하고 자신들의 측근 인재풀로 좁혔다. 측근들은 권력 기관을 가신그룹 통치하에 두었다. 김영삼 정권 시절 김현철의 사조직이 군부, 정보 기관, 사법 기관을 통제했던 원형 그대로 이명박·박근혜 정부로 계승되었다. 보수 안에서의 평판과 엘리트주의는 형님과 측근의 가신 정치에 무너져 버렸다. 검사들에 대한 정치 통제마저 붕괴했다. 절대 넘을 수 없던 3김 시대의 아성을 모셔야 했던 어른들이 사라진 자리에 어르신이 된 검사들이 떡하니 그 자리를 차지해 버렸다.

박근혜 대통령은 검찰의 통제력을 상실했다. 검찰의 정통적 원칙old establishment 상징인 김기춘과 그 원칙으로서 검사장을 해야 했을 우병우. 김영삼·김대중·노무현·이명박의 측근 정치 파고 속에서 시대에 뒤떨어

댄스타임이 멈춘 후 남겨진 것들

진 검사다움을 고집한 우병우는 박영수와 곽상도를 내세운 새로운 세상에 적응한 검사들을 통제하지 못했다. 검사의 체면을 포기하고 사조직에 가입하며 인맥을 만들고 다닌 검사들을 우병우는 이해할 수 없었다. 그런 자들이 이재명과 함께 플레이어가 되어 나타난 사건이 대장동 사건이다.

모든 게 실력 순이던 시대, 동료 사이의 평판이 냉정하던 시대는 끝났다. 허접하면 나쁜 짓에도 붙여 주지 않던 시대는 끝났다. 못난 놈도 줄 잘 서고 잘해 처먹으면 실력인 시대가 됐다. 타락한 정치의 시대가 활짝 열렸다.

정치가 형해화가 되면서 모든 권력 기관이 자유를 얻었다. 김만배로 상징되는 언론인들의 맹활약. 게이트키핑을 하며 앞다퉈 자신들의 몫을 챙기는 언론인들. 지방의회 의원들. 정보의 흐름 속에 브로커가 된 언론인들. 우리의 민주화는 권력 기관들을 고삐 풀린 망아지로 만들어 버렸다. 규율은 사라지고 염치가 사라지며 탐욕이 관철되는 생지옥이 열렸다.

대장동 사건은 대한민국 정치 붕괴의 신호탄 같은 사건일 뿐이다. 사건의 결론도 나기 전에, 우리는 또 다른 충격이 우리를 덮칠 것이다. 들끓는 마그마방이 한두 개가 아니다. 대장동 같은 지진 한두 개로 끝나진 않을 거란 얘기다.

제6공화국 붕괴의 신호탄은 대장동 사건이다. 진영 논리에 매몰돼 탈출하지 못한 우리는 시스템이 붕괴하는 고통을 더 감수한 후에야 비로소 제7공화국을 향한 공론화를 시작하지 않을까.

슬프고 슬펐다.

슬픔의 소용돌이에서 살아남는 길은 뭘까를 고민했다.

구치소를 1년 만에 벗어나면서 느낀 오래된 감정이었다.

유한기와 김문기가 잠들어 있는 추모공원을 찾았다.

동료들을 그 공간에서 보게 될 줄이야.

분노보다 슬픔이 먼저였다.

슬프고 슬펐다.

살아 남은 자의 몫이 남았다.

제 목숨보다 소중하게 여기는 가족들을

이 세상에 덩그러니 남겨 두고 그 먼길을 떠난 내 동료들과

살아 있는 나를 위해

나는 내가 할 일을 해야 한다.

하늘이 나를 데려가지 않은 이유일 테다.

나는 여전히 재판을 받고 있다.

가진 거라곤 나의 반성문과 거기에 실은 진실밖에 없다.

그거면 충분하다.

함께해 줄 가족이 있고,

응원해 주는 많은 독자 여러분이 있지 않나.

그 응원으로 나는 용기를 내고 상상력을 발휘해

내가 할 일을 묵묵히 할 테다.

거짓말과의 긴 싸움에서 이기는 길은

'사실을 말하는 것'이라는 평범한 진리를

일깨워 준 나의 변호인 서준범·홍푸른 님께

감사드립니다.

당신들의
댄스댄스

발행일   2024년 4월 5일 초판 1쇄
        2024년 4월 21일 초판 4쇄

지은이   유동규
기획   플로우북스
책임편집   박지영
발행인   김용성
발행처   지우출판

주소   서울시 동대문구 휘경로 2길 3, 303호
전화   (02) 962-9154
팩스   (02) 962-9156
이메일   lawnbook@naver.com
등록   2003년 8월 19일(신고 제9-118)

ISBN 979-11-984910-7-7(03340)